As Finanças Locais e o Plano de Ajustamento da *Troika*: A *Dimensão Financeira Óptima* dos Municípios no Quadro da Reorganização Autárquica

As Finanças Locais
e o Plano de Ajustamento da *Troika*:
A *Dimensão Financeira Óptima*
dos Municípios no Quadro
da Reorganização Autárquica

Marta Rebelo

2011

ALMEDINA

AS FINANÇAS LOCAIS E O PLANO DE AJUSTAMENTO DA *TROIKA*: A *DIMENSÃO FINANCEIRA ÓPTIMA* DOS MUNICÍPIOS NO QUADRO DA REORGANIZAÇÃO AUTÁRQUICA

AUTORA
Marta Rebelo

EDITOR
EDIÇÕES ALMEDINA, S.A.
Rua Fernandes Tomás nºs 76, 78, 80
3000-167 Coimbra
Tel.: 239 851 904 · Fax: 239 851 901
www.almedina.net · editora@almedina.net

DESIGN DE CAPA
FBA.

PRÉ-IMPRESSÃO
EDIÇÕES ALMEDINA, S.A.

IMPRESSÃO E ACABAMENTO
PENTAEDRO, LDA.

Novembro, 2011

DEPÓSITO LEGAL
336997/11

 GRUPO**ALMEDINA**

BIBLIOTECA NACIONAL DE PORTUGAL − CATALOGAÇÃO NA PUBLICAÇÃO
PATRÍCIO, Marta Rebelo
As finanças locais e o plano de ajustamento da troika :
a dimensão financeira óptima dos
Municípios no quadro da reorganização autárquica. − (Monografias)
ISBN 978-972-40-4704-1
CDU 336
    352

PREFÁCIO

Descentralizar, Reformar e Racionalizar

A reorganização do território autárquico municipal é um dos temas de maior importância quando falamos de "reformas estruturais" no sentido da racionalização da Administração Pública e das Finanças Públicas. O plano de ajustamento celebrado por Portugal com o triunvirato constituído pelo Fundo Monetário Internacional, pela Comissão Europeia e pelo Banco Central Europeu obriga à adopção de medidas neste domínio com consequências no desenvolvimento, na melhoria da eficiência e no reforço da disciplina e do rigor das contas públicas. O que a autora do presente estudo, a Dra. Marta Rebelo, pretende é lançar pistas da reforma e da racionalização (com ecos paretianos) que permitem aproveitar uma exigência imposta pelas circunstâncias e pela crise financeira, de modo a que possa haver uma reorganização territorial atenta aos factores culturais e sociais. Estamos de pleno perante a afirmação, num Estado moderno, do princípio da subsidiariedade, segundo o qual as questões ligadas ao interesse público devem ser tratadas o mais próximo possível dos cidadãos e das suas comunidades. A descentralização é, assim, a qualidade da democracia e a afirmação de uma cidadania activa. E a reorganização territorial deve contribuir decisivamente para garantir objectivos de proximidade, de responsabilidade, de coesão, de confiança e de solidariedade.

Quando, no dealbar do período liberal, Mouzinho da Silveira ligou a reestruturação territorial à liberdade económica contribuiu para concretizar a mais profunda alteração política e social ocorrida em Portugal nos últimos séculos. Hoje estamos perante um desafio que podemos considerar de um alcance semelhante a esse, já que, depois da Constituição de 1976, torna-se indispensável dar ao poder local a importância que dele se exige numa República moderna, em que a descentralização tem de constituir a pedra angular.

Não podemos esquecer que a opção europeia de Portugal e a participação na linha da frente da União Europeia, encarada como democracia supranacional, obriga a compreender o que Denis de Rougemont considerava ser uma exigência da contemporaneidade: o Estado é hoje demasiado grande e demasiado pequeno para resolver os problemas que lhe são postos. O Estado moderno é essencialmente um mediador entre o local e o supranacional. A União Europeia, como confluência de Estados e povos livres e soberanos, não pode, assim, esquecer que a reorganização territorial é indispensável a uma melhor representação e participação dos cidadãos. Marta Rebelo compreende-o bem nas propostas que aqui apresenta e nas análises a que procede.

A partir da crise em que nos encontramos, impõe-se aproveitar a oportunidade, não num sentido conjunturalista ou imediato, mas com visão alargada. Daí a necessidade de aproveitar a execução do Memorando de entendimento, numa perspectiva moderna de Ciência da Administração e de Finanças Públicas para lançar corajosamente um conjunto de providências de sentido reformador e com um sentido fortemente legitimador e democrático.

Eliminar ineficiências, melhorar os resultados e a prestação de contas, reduzir o número de serviços locais deve, assim, corresponder não a uma lógica contabilística, mas sim a um desejo cívico que permita fazer do desenvolvimento territorial um factor de coesão social e de confiança social – num paradigma que Pierre Rosanvallon baseia na singularidade, na reciprocidade e na comunalidade, ou seja, no respeito e salvaguarda da liberdade individual, na prossecução da solidariedade cívica voluntária e na defesa do bem comum e do interesse geral (cf. *La societé des égaux*, Sevil, 2011).

Neste sentido, em nome da "dimensão financeira óptima", os princípios que a autora propõe: da integração federativa e das finanças federativas, da integração metropolitana e das finanças metropolitanas e da integração especializada (que aponta para a constituição de associações de municípios com fins específicos e agregadores de especialidades) – constituem pistas muito interessantes e fecundas que devem ser seguidas e aproveitadas, no sentido de tornar a descentralização eficiente e racionalizadora, pondo a pessoa humana no centro da economia.

Alexandre Herculano fez do municipalismo um dos desígnios fundamentais de um Portugal moderno. Temos, nos dias de hoje, de actualizar esse projecto generoso e exigente que pretendia fazer assentar a liberdade no governo do País pelo País. As preocupações contemporâneas têm de se basear nesse objectivo estrutural. Daí que, mais importante do que as condicionantes de curto prazo (e da necessidade de encontrar respostas imediatas), seja olhar longe e largo e aproveitar as dificuldades para impor uma orientação claramente transformadora e emancipadora.

POR GUILHERME D'OLIVEIRA MARTINS

NOTA INTRODUTÓRIA

O estudo que ora se apresenta configura-se como um contributo jurídico-financeiro para a concretização de um objectivo de natureza eminentemente territorial: a reorganização do território autárquico municipal, cujo momento é determinado pelos parceiros de Portugal no plano de ajustamento que o país se viu na contingência de celebrar com o Fundo Monetário Internacional, a Comissão Europeia e o Banco Central Europeu – a célebre *troika*.

Trata-se de uma ponderação analítica que se afasta da racionalidade clássica subjacente à divisão autárquica do território, essencialmente dedicada a vectores de geografia natural e humana. Este estudo, pretendemos, coloca ao serviço desta reorganização territorial imposta uma racionalidade jurídico-económica e financeira. Mais do que a consideração do território, nas suas várias componentes *geográficas*, e da população, como indicadores *puros* para a delimitação de fronteiras dos municípios portugueses, propomos considerar aqueles vectores primariamente como *drivers* de custos que conhecerão uma dada dimensão óptima de provisão e financiamento públicos. Não se trata de uma proposta de finanças ou economia *puras*, insensível aos factores culturais e sociais que, inevitavelmente, condicionam a organização territorial, mas antes da propositura de soluções de eficiência e inovação financeiras que possam servir como *guidelines* para a reorganização administrativa do território autárquico, *maxime* municipal.

Tradicionalmente, as finanças locais respondiam à questão de financiar o exercício de competências em circunscrições territoriais e administrativas absolutamente definidas. Tratava-se de uma réplica sem contestação, a jusante de decisão organizativa. Esta prática foi encontrando inúmeros e crescentes obstáculos, que condicionam a eficiência prestadora e as políticas e condições de financiamento dos bens e serviços públicos locais, *maxime* a necessidade de ganhar escala, de responder a movimentos pendulares crescentes, de gerir redes de tipos variados, de considerar as externalidades interjurisdicionais, fenómenos que ultrapassam as fronteiras de cada município. Este conjunto de óbices, sobretudo num cenário de muito fortes constrangimentos financeiros, tem impedido a concretização de uma descentralização plena e eficaz. Os fenómenos associativos que têm sido experimentados, baseados no voluntarismo dos decisores autárquicos, não ofereceram soluções sequer de *segundo óptimo* e, é nossa convicção, não constituem resposta cabal a estes problemas.

Assim, e uma vez que o plano de ajustamento celebrado com a *troika* prevê, no ponto 3.43 do Memorando de Entendimento assinado entre as partes, a redução significativa do número de municípios e freguesias, propomos alterar aquela prática. Todavia, limitamos o objecto desta análise aos municípios, por uma ordem de razão simples: atendendo às características territoriais, populacionais, competências e até associativas das nossas freguesias, os *drivers* operativos ideiais para a sua reorganização serão, precisamente, o território e a população, assim como a sua relação de *proximidade* com os municípios onde se integram. A microdimensão financeira destas unidades territoriais é uma escala muito distinta da reclamada pelos conceitos que pretendemos introduzir nesta discussão. Certos, porém, de que as freguesias conhecerão uma necessária reorganização *quantitativa* mas também qualitativa.

Ora, as finanças locais podem, agora, influenciar a dimensão das circunscrições territoriais correspondentes aos municípios a montante, mas não apenas: mais do que o desenho de fronteiras, as funcionalidades relacionais dos municípios nas suas fronteiras pré-existentes são um precioso indicador sobre o qual a análise competencial e financeira deve incidir, no sentido de reformular tais fronteiras. Mas de modo a que o interior destas corresponda à dimensão adequada para a alocação de despesas – ou seja, a provisão de bens públicos e a prestação de serviços de modo eficiente e concorrente para o bem-estar daquele colectivo –, apta também ao financiamento das mesmas. Quer na partilha de recursos com o Estado, quer na maximização dos recursos próprios e consequente definição de políticas de financiamento.

Ou seja, a questão da selecção das competências e das despesas públicas municipais deve, advogamos, ser um critério preponderante – não exclusivo ou predominante – nesta reforma da divisão do território autárquico, pois permitindo apurar a dimensão financeira óptima dos municípios, permitirá também obter um quadro fronteiriço dotado de racionalidade económica, financeira e, portanto, de eficácia no serviço às suas populações. Em simultâneo cumprimento dos objectivos traçados no Memorando de Entendimento para esta reorganização – *service delivery*, melhoria de eficiência e redução de custos – mas no respeito da tradição do nosso municipalismo.

Todavia, e mesmo atentando ao teor do Memorando de Entendimento, o governo português parece apontar para uma reorganização territorial municipal *operativa* ou *funcional*, em detrimento de uma reorganização territorial efectiva – efectividade essa que decorreria da alteração fronteiriça das circunscrições municipais. Deste modo, distinguiremos, no âmbito da nossa proposta analítica de finanças municipais integradas, a *fusão funcional* ou competêncial da *fusão territorial*. Interpretamos esta como óptimo primeiro e aquela, se vivendo sem a componente territorial, como *second best* na aplicação dos princípios de finanças integradas à reorganização municipal pelos ganhos de escala e cooperação.

Em suma, a realidade confronta-nos, por um lado, e com Eduardo Paz Ferreira, com a certeza de que não é possível *escamotear a questão de a eficiência na produção de bens não ser a única condicionante com que o decisor público se confronta, chamando a atenção para os aspectos da equidade, que estão presentes, uma vez que, na orientação da despesa pública, assim como no estabelecimento da carga fiscal, não é neutra a escolha de quem paga e de quem é beneficiado*[1]. E, por outro lado, com Maurice Duverger, com a inevitabilidade de «*Fazer economias*»: *tal é o que eles atribuem ao Estado. «O bom ministro das Finanças é um cão de guarda colocado à frente das caixas do tesouro público a defender o seu acesso*»: este *velho* slogan *é revelador. A avareza do Estado está na base das finanças públicas clássicas*[2].

A AUTORA
Lisboa, em 17 de Outubro de 2011

---

[1] *Ensinar Finanças Públicas Numa Faculdade de Direito*, Almedina, 2005, pág. 116.
[2] *Finances Publiques*, Paris, PUF, 1975, pág. 39.

ABREVIATURAS PRINCIPAIS

AM	Áreas Metropolitanas
AMFE	Associações de Municípios de Fins Específicos
AML	Área Metropolitana de Lisboa
AMP	Área Metropolitana do Porto
BCE	Banco Central Europeu
CIM	Comunidades Intermunicipais
CRP	Constituição da República Portuguesa
Eurostat	Gabinete de Estatística das Comunidades Europeias/da União Europeia
FCM	Fundo de Coesão Municipal
FEF	Fundo de Equilíbrio Financeiro
FGM	Fundo Geral Municipal
FMI	Fundo Monetário Internacional
FSM	Fundo Social Municipal
IMI	Imposto Municipal sobre Imóveis
IMT	Imposto Municipal sobre as Transacções Onerosas de Imóveis
INE	Instituto Nacional de Estatística
IRC	Imposto sobre o Rendimento das Pessoas Singulares
IRS	Imposto sobre o Rendimento das Pessoas Colectivas
ISP	Imposto sobre Produtos Petrolíferos
IUC	Imposto Único de Circulação
IVA	Imposto sobre o Valor Acrescentado
LEO	Lei de Enquadramento Orçamental
LFL	Lei das Finanças Locais
ME	Memorando de Entendimento
NUTS III	Nomenclaturas das Unidades Territoriais Estatísticas de nível III

PEC Pacto de Estabilidade e Crescimento
PIB Produto Interno Bruto
POC Plano Oficial de Contabilidade
POCAL Plano Oficial de Contabilidade das Autarquias Locais
PPI Plano de Investimento Plurianual
QREN Quadro Estratégico de Referência Nacional
SEC 95 Sistema Europeu de Contas Nacionais e Regionais
UE União Europeia

Não é novidade dizê-lo: o Município é a peça-mestra
da nossa administração local. Mas se um espírito curioso
pretendesse conhecer em todos os pormenores
o que se entende em Portugal por Município,
que papel desempenhou ele na nossa história,
que função se lhe reserva nos tempos presentes
– creio que sofreria uma cruel decepção.
MARCELLO CAETANO, 1936

Ao Diogo Martins, cuja amizade é à prova de decepção
e sem a qual este estudo não teria sido possível.

PARTE I
O plano de ajustamento entre Portugal e a *troika* e os objectivos «autárquicos» consagrados no Memorando de Entendimento

1. O plano de ajustamento: elenco dos objectivos «autárquicos»[3]

CAPITULO 1. POLÍTICA ORÇAMENTAL

Política Orçamental em 2012

1.7. Melhorar o funcionamento da Administração Central, eliminando redundâncias, aumentando a eficiência e reduzindo e eliminando serviços que não representem um uso eficaz do dinheiro público. Estas medidas devem resultar em poupanças anuais de, pelo menos, 500 M€. As Autoridades Portuguesas irão apresentar planos detalhados, que serão submetidos a avaliação até ao 1º Trimestre de 2012; os impactos orçamentais irão estender-se até 2014. Para este efeito, o Governo irá:

iii. reorganizar os governos locais e a prestação de serviços da Administração Central ao nível local;

---

[3] Pela natureza da matéria e da instituição, seguimos aqui o elenco seleccionado pela Associação Nacional de Municípios Portugueses, tal como traduzido e disponibilizado no sítio da internet da ANMP (www.anmp.pt). Mais adiante, *máxime* ao estabelecer o «nosso» plano de acção local (nesta Parte I, ponto 1.2.) a partir do ME e delimitado pelo escopo do nosso estudo, a selecção e tradução é de nossa integral autoria e responsabilidade.

v. promover a mobilidade dos trabalhadores nas administrações centrais, regionais e locais;

1.9. Assegurar que a massa salarial do sector público como percentagem do PIB diminui em 2012 e 2013 (2º Trimestre de 2012 para a avaliação; 2º Trimestre de 2013 para concluir o processo).

· Limitar admissões de novos funcionários na Administração Pública para se conseguirem reduções anuais no período de 2012-2014, de 1% ao ano no quadro de pessoal da Administração Central e de 2% nas Administrações Local e Regional (3º Trimestre de 2011).

1.14. Reduzir as transferências para as Autoridades Locais e Regionais em, pelo menos, 175 M€, tendo em vista a contribuição deste subsector para a consolidação orçamental;

1.17. Reduzir, de forma permanente, a despesa de capital em 500 M€, priorizando projectos de investimento e fazendo uso mais intensivo das oportunidades de financiamento fornecidas pelos fundos estruturais da UE.

1.18. Introduzir uma regra de congelamento das despesas fiscais (nota: que correspondem às receitas fiscais que o estado deixa de receber quando é criado um benefício fiscal), impedindo a criação de novos elementos de despesa fiscal e a ampliação dos já existentes. Esta regra será aplicada a todos os tipos de despesa fiscal, quer de natureza temporária quer permanente, aos níveis central, regional e local.

1.22. Alterações na tributação da propriedade para conseguir aumentar a receita em, pelo menos, 250 M€, através da redução substancial das isenções temporárias para casas ocupadas pelos proprietários. As transferências da Administração Central para as autarquias serão revistas para garantir que as receitas adicionais serão utilizadas exclusivamente para consolidação orçamental.

Política Orçamental em 2013

1.29. Aprofundar as medidas introduzidas na Lei do Orçamento de 2012 com o objectivo de reduzir as despesas na área de:

iii. massa salarial: reduções anuais de 1% por ano no número de funcionários da Administração Central e 2% nas Administrações Local e Regional;

vi. transferências para as Autoridades locais e regionais: 175 M€.

1.32. Actualizar o valor patrimonial tributário, para aumentar a receita em, pelo menos, 150 M€ em 2013. As transferências da Administração Central para as autarquias serão revistas para garantir que as receitas adicionais serão utilizadas exclusivamente para consolidação orçamental.

CAPITULO 3. MEDIDAS FISCAIS ESTRUTURAIS

Quadro de Gestão das Finanças Públicas

3.4. O actual relatório anual sobre benefícios fiscais será aperfeiçoado, começando com o Orçamento de 2012, em linha com as melhores práticas internacionais. O relatório abrangerá as Administrações Central, Regional e Local. Se necessário, será prestada assistência técnica. (3º Trimestre de 2011).

Quadro Orçamental

3.13. Garantir a implementação integral da Lei de Enquadramento Orçamental, adoptando as alterações legais necessárias, incluindo as leis de finanças regionais e locais: (3º Trimestre de 2011)

   i. O perímetro das administrações públicas irá abranger o Estado, outros organismos e entidades públicos, a Segurança Social, as empresas públicas e as PPP's, reclassificadas no âmbito do Governo e Administrações Local e Regional.

3.14. A proposta de revisão das leis de finanças locais e regionais, será apresentada ao Parlamento, tendo em vista a plena adaptação do quadro de financiamento local e regional aos princípios e regras adoptadas pela recentemente revista Lei de Enquadramento Orçamental, nomeadamente no que diz respeito (i) à inclusão de todas as entidades públicas relevantes, no perímetro das Administrações Local e Regional, (ii) o quadro pluri-anual de despesas, equilíbrio orçamental e regras de endividamento, e à programação orçamental, e (iii) à interacção com as funções do Conselho Fiscal (4º Trimestre de 2011).

Empresas Detidas pelo Estado

3.26. Preparar um relatório de revisão e análise das operações e finanças das empresas públicas ao nível dos governos central, regional e local. O relatório irá avaliar as perspectivas financeiras de negócio dessas empresas, a exposição potencial do Governo e as possibilidades de privatização disciplinada. O governo irá adoptar as alterações legais necessárias para concretizar este requisito. Será fornecida assistência técnica (1º Trimestre de 2012).

3.27. Não será criada qualquer empresa pública ao nível da Administração Central, até esta revisão estar concluída. Dado o impacto financeiro destas decisões, o Governo irá submeter ao Parlamento um projecto de lei para que esta limitação seja igualmente aplicável às Autoridades Locais. O Governo irá promover as iniciativas necessárias para que o mesmo objectivo seja alcançado ao nível das regiões (1º Trimestre de 2012).

3.28. O Governo irá submeter ao Parlamento um projecto de lei para regular a criação e o funcionamento das empresas públicas a nível central e local. A lei irá reforçar os poderes de monotorização da Administração Central sobre todas as empresas públicas. Adicionalmente, será definida a calendarização e o conteúdo dos reportes financeiros e operacionais. As decisões tomadas a nível central para melhorar a eficiência das empresas, reduzindo os seus encargos financeiros, serão implementadas em todas as empresas públicas, tendo em consideração as suas especificidades. O Governo irá promover as iniciativas necessárias para que o mesmo objectivo seja alcançado ao nível das regiões (1º Trimestre de 2012).

Privatização

3.31. Preparar um inventário de activos, incluindo imobiliário, detidos pelas autarquias e governos regionais, avaliando a possibilidade de privatização (2º Trimestre de 2012).

Administração da Receita

3.33. Serão preparados planos abrangentes de reforma até Outubro de 2011, incluindo os seguintes elementos: (4º Trimestre de 2011)

    ii. Reduzir o número de postos de atendimento público municipais em, pelo menos, 20% por ano, em 2012 e 2013 (4º Trimestre de 2012 e 4º Trimestre de 2013).

Administração Pública – Administração Local

3.40. Tendo em vista melhorar a eficiência da Administração Local e racionalizar o uso de recursos, o Governo irá apresentar ao Parlamento um projecto de lei até ao 4º Trimestre de 2011, de modo a que cada Município tenha de apresentar o seu plano para atingir a meta de reduzir os seus cargos dirigentes e unidades administrativas em, pelo menos, 15% até ao final de 2012 (2ª Trimestre de 2012). No que diz respeito às regiões, o Governo irá promover as iniciativas necessárias (4º Trimestre de 2011) para que cada região apresente um plano para atingir os mesmos objectivos.

3.41. Em conjunto com a revisão e análise das empresas públicas (veja acima), preparar uma análise custo/benefício detalhada de todas as entidades públicas e quasi-públicas, incluindo fundações, associações e outros organismos, em todos os níveis do governo (2º Trimestre de 2011). Com base nos resultados desta análise, a Administração (Central, Regional ou Local) responsável pela entidade pública vai decidir fechá-la ou mantê-la em respeito da lei (ver mais abaixo) (2º Trimestre de 2012).

3.42. Regulamentar por lei a criação e o funcionamento de fundações, associações e organismos similares pelas Administrações Central e Local. Esta lei, que também irá facilitar o encerramento de entidades existentes, quando se justifique, será elaborada em coordenação com um quadro semelhante a ser definido para as empresas públicas. A lei definirá os mecanismos de monotorização, de reporte e de avaliação de desempenho. Adicionalmente, o Governo irá promover as iniciativas necessárias (4º Trimestre de 2011) para que o mesmo objectivo seja atingido pelas regiões.

3.43. Reorganizar a administração do governo local. Existem actualmente cerca de 308 municípios e 4.259 freguesias. Em Julho de 2012, o Governo vai desenvolver um plano de consolidação para reorganizar e reduzir significativamente o número de tais entidades. Este plano será implementado com base em acordo com a CE e o FMI. Estas mudanças, que entrarão em vigor no início do próximo ciclo eleitoral local, irão melhorar o serviço prestado, aumentar a eficiência e reduzir custos.

3.44. Realizar um estudo para identificar a potencial duplicação de actividades e outras ineficiências entre a Admnistração Central, Administração Local e os serviços da Administração Central prestados localmente (4º Trimestre de 2011). Com base nesta análise, reformar-se-á o actual quadro, no sentido de eliminar as ineficiências identificadas (2º Trimestre de 2012).

Administração Pública – Serviços Partilhados

3.46. Reduzir o número de agências locais dos ministérios (por exemplo, finanças, segurança social, justiça).

Os serviços deverão ser fundidos em "lojas do cidadão", abrangendo uma maior área geográfica e desenvolvendo ainda mais a administração electrónica ao longo da duração do programa. (4º Trimestre de 2013).

Administração Pública – Recursos Humanos

3.48. Limitar admissões de novos funcionários na Administração Pública para se conseguirem reduções anuais no período de 2012-2014, de 1% ao ano no quadro de pessoal da Administração Central e de 2% nas Administrações Local e Regional. O Governo apresentará ao Parlamento um projecto de lei para implementar esta medida ao nível da Administração Local e irá promover as iniciativas necessárias para que cada região apresente um plano para atingir os mesmos objectivos (3º Trimestre de 2011).

CAPÍTULO 6. MERCADO IMOBILIÁRIO

Tributação do Património

6.3. O Governo irá rever o quadro para a valorização do parque habitacional e de terrenos para fins fiscais e irá apresentar para (i) garantir que até ao final de 2012 o valor tributável de todos os imóveis está perto do valor de mercado e (ii) a avaliação dos imóveis é actualizada regularmente (a cada ano para imóveis comerciais e uma vez em cada três anos para imóveis residenciais, conforme previsto na lei). Estas medidas poderiam incluir atribuição da capacidade de avaliação de imóveis aos funcionários municipais, além de agentes fiscais, e a utilização de métodos estatísticos para monitorizar e actualizar as avaliações (3º Trimestre de 2011).

6.4. O Governo vai modificar a tributação do património, tendo em vista equilibrar os incentivos ao arrendamento *versus* a aquisição de habitação (4º Trimestre de 2011). Em particular, o Governo irá: i) limitar a dedutibilidade nos impostos sobre os rendimentos das rendas e dos juros das hipotecas a partir de 1 de Janeiro de 2012, excepto para as famílias de baixos rendimentos. As amortizações de capital do crédito à habitação não serão dedutíveis a partir da mesma data. ii) reequilibrar gradualmente a tributação sobre o património imobiliário, aproximando-o do imposto recorrente (IMI) e afastando-a do imposto sobre transferência de imóveis (IMT), tendo sempre em consideração as situações mais vulneráveis socialmente. As isenções temporárias de IMI para imóveis ocupados pelo proprietário serão consideravelmente reduzidas e o custo de oportunidade para propriedades devolutas ou não arrendadas será significativamente aumentado.

CAPÍTULO 8. CONCORRÊNCIA, COMPRAS PÚBLICAS E AMBIENTE DE NEGÓCIOS

Ambiente de Negócios

8.15. Reduzir os encargos administrativos através da inclusão dos municípios e todos os níveis da Administração Pública no âmbito do Programa Simplex (1º Trimestre de 2013).

2. Um plano de acção territorial: os principais objectivos e prazos previstos no Memorando de Entendimento para a reorganização territorial e financeira municipal

Principais objectivos e prazos previstos no Memorando de Entendimento com impacto na conformação do sistema jurídico de financiamento local (excluindo o sector empresarial local)

	1.14. Redução das transferências para as autoridades locais e regionais até pelo menos 175 M€, tendo em vista que estes subsectores contribuam para o esforço de consolidação orçamental.
4T-2011	**3.14.** Apresentação de proposta de lei de alteração à Lei das Finanças Locais até ao final de 2011, tendo em vista adaptar integralmente a legislação financeira local aos princípios e regras consagradas na nova Lei de Enquadramento Orçamental, nomeadamente no que concerne: i) À inclusão de todas as entidades públicas relevantes no perímetro do governo local; ii) À previsão plurianual de despesas, ao equilíbrio orçamental e regras de endividamento, bem como ao orçamento por programas; iii) À interacção com as funções do Conselho das Finanças Públicas.
	3.40. Apresentação de proposta de lei relativa aos planos municipais de redução de posições de gestão e unidades administrativas até pelo menos 15 por cento, até ao final de 2012 *Tendo em vista melhorar a eficiência da administração local e a racionalização do uso dos recursos, o governo deve submeter ao Parlamento uma proposta de lei (Q4-2011) para que cada município tenha de apresentar o seu plano para atingir os objectivos respectivos de redução de posições de gestão e unidades administrativas até pelo menos 15%, até ao final de 2012.*
	3.44. Estudo da duplicação de actividades e outras ineficiências entre a administração central e local e serviços desconcentrados da administração central.
2T-2012	**(3.44.)** Elaboração de legislação tendo em vista eliminar as ineficiências identificadas.

2/3T-2012	**3.43.** Reorganização administrativa do território – divisão administrativa
	Até Julho de 2012 o governo deve desenvolver um plano de consolidação para reorganizar e reduzir significativamente o número de municípios e freguesias. O governo implementará este plano baseado no acordo com a União Europeia e o FMI e seus staffs. Estas alterações entrarão em vigor no início do próximo ciclo eleitoral local, tendo como objectivo:
	  i) Prestação de serviços («service delivery»)
	  ii) Melhoria de eficiência
	  iii) Redução de custos

Eleições autárquicas 2014	

3. A reorganização interna e a reorganização externa dos municípios

Da análise deste conjunto de objectivos acordados entre o Estado português e a *troika* e enunciados no Memorando de Entendimento (doravante ME), resulta claro que a racionalização do universo administrativo local será um esforço temporal mas também substancialmente delimitado em quatro planos:

Um primeiro plano de adequação do sistema de financiamento municipal à nova disciplina de enquadramento orçamental, no sentido de consolidar o direito financeiro público português como um corpo uniforme e dotado de coerência sistemática.

Um segundo plano que respeita à ***reorganização interna*** das estruturas e unidades administrativas municipais, no sentido de obter uma redução até 15 por cento. A óptica é, naturalmente, a da racionalização interna mas também a redução de custos e, bem assim, a diminuição da despesa *tout court*. Nesta matéria o Governo fez já alguns anúncios, no seu *Documento Verde da Reforma da Administração Local*, enunciando a redução do número de dirigentes e a racionalização da gestão autárquica.

Num terceiro plano, e ainda no domínio desta reorganização interna dos municípios, surge a eliminação das situações de duplicação funcional entre a administração central e a administração local. Verifica-se já, todavia, uma aproximação à ideia de ***reorganização externa*** do tecido autárquico, ao proceder-se à identificação de ineficiências na produção de bens públicos e na prestação de serviços, ainda que numa lógica interadministrativa, *v.g.* relacional entre os níveis central e local da administração. Os ganhos de eficiência e a redução de custos decorrente desta reestruturação apontam, então, no sentido de conformar o mapa da organização administrativa do território que, em seguida, deve ser repensado.

É esse, aliás, o quarto plano de reorganização que identificamos. Entramos, assim, naquilo que designámos por *reorganização externa*, e que se estende para lá da mera alteração de fronteiras concelhias e paroquiais, e da eliminação e fusão de municípios e freguesias. Atendendo aos objectivos magnos que presidem a este plano de consolidação, reorganização e redução do número de autarquias – prestação de serviços, melhorias de eficiência e redução de custos – podemos afirmar que esta mudança na divisão administrativa do território tem um impacto óbvio, a jusante, no sistema de financiamento local, mas também o deverá ter a montante, uma vez que soluções de eficiência e inovação prestadora financeiras devem guiar aquela reorganização administrativa. É este o ponto no qual pretendemos deter-nos no Parte III deste estudo.

PARTE II
O Sistema de financiamento local português

1. A organização territorial autárquica

A expressão «autarquia local» chega ao nosso ordenamento jurídico proveniente de Itália, tendo conhecido generalização pela Constituição de 1933 e difusão por Marcello Caetano. É curioso verificar que *autarquia*, em sentido económico (autarcia) significa auto-suficiência, isto é, *a possibilidade que determinada entidade tem de se bastar a si própria em termos económicos*[4].

A autarquia local sofreu uma longa evolução, desde os primórdios do século XVII até ao início do século XX, gerando-se duas formas diversas de organização administrativa para o exercício de funções comunitárias: por um lado, um modelo de repartição entre o Estado e as comunidades locais, implementado nos países de tradição napoleónica, onde o advento do Estado moderno se deveu à redução dos poderes das comunidades estamentais[5]; por outro lado, o modelo dos países anglo-saxónicos, de

---

[4] José Casalta Nabais, *A Autonomia Local (Alguns Aspectos Gerais)*, Coimbra, Faculdade de Direito, 1990, pág. 39, nota 63.

[5] Na doutrina espanhola, na década de 20 do passado século, a tese de Fleiner da formação espontânea das entidades locais era defendida com acuidade, entendendo o autor germânico que as instituições descentralizadas exercem a sua actividade por direito próprio, sendo criações espontâneas da nação e anteriores à vontade do Estado (*Institutionnem des deutschen Verwaltungsrechts*, 6ª Edição). De tal sorte que não será este a criar tais entidades, mas apenas a reconhecer estes *núcleos sociais da vida humana total*, afirmou Posada, em defesa da doutrina da formação espontânea dos organismos municipais (*El regímen municipal de la ciudad moderna*, 1927).

selfgovernment ou *local government*, onde as funções comunitárias não conheceram, em qualquer momento, prossecução centralizada.

No *terminus* deste trajecto evolutivo, a autarquia local *vem a ser concebida como a capacidade de uma comunidade para se administrar a si própria, mediante o desenvolvimento de uma actividade com a mesma natureza e eficácia jurídica da actividade administrativa do Estado*, consubstanciando *toda a riqueza autonómica das comunidades territoriais descentralizadas*[6].

Assim, autarquia local e autonomia local são expressões sinónimas, cobrindo aquela a noção de autonomia na administração de um dado território pela comunidade que nele localiza o seu quotidiano, regendo e realizando os seus interesses próprios, e correspondendo esta à delimitação da esfera jurídica da comunidade local organizada face à administração central.

Podemos afirmar que à ideia de autarquia local subjaz um substrato formal – a forma de organização territorial e administrativa – e ao conceito de autonomia local um substrato essencialmente material – relacionado com o âmbito dos interesses, atribuições e competências locais, sua delimitação e protecção face aos interesses, atribuições e competências nacionais.

Entre nós – e após a submissão de décadas ao regime corporativo da Constituição de 1933, que dedicava às autarquias locais o Título V da Primeira Parte – as autarquias são um elemento inerente à organização democrática do Estado, tal como estabelece o art. 235º, nº 1 do Texto Constitucional: *são uma específica expressão política organizada das comunidades locais, das colectividades de cidadãos que residem na sua área territorial, para realização dos seus interesses comuns específicos, diferenciados dos de outras comunidades locais e dos da colectividade nacional global*[7].

Constituídas por quatro elementos – território, população, interesses próprios e órgãos representativos – as autarquias locais encontram-se conceptualmente delimitadas e categoricamente tipificadas pela Constituição. Sendo *pessoas colectivas territoriais dotadas de órgãos representativos, que visam a prossecução de interesses próprios das populações respectivas* (art. 235º, nº 2), a textura da organização administrativa do território encon-

---

[6] Casalta Nabais, *A Autonomia...*, ob. cit., págs. 48-50.
[7] Gomes Canotilho e Vital Moreira, *Constituição da República Portuguesa Anotada*, Volume II (Artigos 108º a 296º) Coimbra Editora, 2010 pág. 881.

tra-se preenchida pelos municípios e freguesias, sendo possível, à luz da Lei Fundamental, a criação de regiões administrativas e autarquias *especiais*, estas nas grandes áreas urbanas e nas ilhas (art. 236º).

1.1. O município

O município é, entre nós, a autarquia-paradigma. De facto, as freguesias, embora quantitativamente em maioria, nunca conheceram semelhante *qualidade funcional*. E as regiões administrativas, cuja previsão constitucional data de 1976, nunca foram criadas.

Ensina o Douto Professor António Sousa Franco: *Entre nós, a autarquia mais importante – também no domínio financeiro – tem sido historicamente o concelho, variando as restantes: freguesia, distrito (ou distrito autónomo), província… Desde a colonização romana que tomou relevo a organização em municípios, regendo-se pelas leis romanas através de resoluções dos cidadãos em comícios – e, depois, das decisões, ou votações, na cúria – e elegendo os magistrados (duúnviros). No final do Império, o peso tributário foi-se agravando, e a administração local concentrou-se progressivamente nos duúnviros, submeteu-se a autoridades nomeadas pelo Imperador e foi-se apagando perante a nova autoridade emergente dos bispos cristãos. No período visigótico regista-se profunda decadência do município, que desaparece durante a dominação muçulmana e renasce com a Reconquista, à sombra dos forais ou cartas de privilégios – direitos e deveres especiais – outorgados pelos reis. A partir de então, assiste-se ao florescimento de municípios por toda a Península Ibérica, os quais cobram boa parte das receitas públicas: sisas (impostos sobre as vendas) e múltiplos impostos indirectos (sobre a circulação dos bens, a prática de actos comerciais, de produção e de consumo), etc. Com a centralização do poder real – que é do poder do Estado – este vai chamando a si, como receitas reais, alguns impostos que eram originariamente municipais (caso das sisas do século XV)*[8].

O nosso Estado liberal, sucedendo a tal período de centralização do poder absoluto, estabelece-se sobre as ruínas do poder municipal. Atravessando breves períodos de descentralização, e sem desconsiderar o papel de Mouzinho da Silveira, a tradição municipalista portuguesa só voltaria a ser constitucionalmente reconhecida em 1976. Tal tradição sofreu directamente os reveses do centralismo da Constituição de 1933, onde o corporativismo marcava de forma intensa a organização social,

---

[8] *Finanças Públicas e Direito Financeiro*, Volume I, 4ª Edição – 13ª Reimpressão, Coimbra, Almedina, 2010, pág. 278.

económica e política do país. Enquanto forma de organização social *o corporativismo recorta-se através de uma «ordem económica e social», que repousa na solidariedade (ou solidariedade a todo o custo) dos interesses das classes sociais (...) envolve as corporações morais e económicas e as associações ou organizações sindicais, incumbindo ao Estado reconhecê-las e promover e auxiliar a sua formação*, ensina Jorge Miranda. Enquanto forma de organização política, o autor define o corporativismo como visando *a participação das sociedades primárias no poder, pois «elementos estruturais da Nação» (art. 5º) não são apenas os indivíduos, são também as sociedades menores. O sufrágio orgânico (...) pertence privativamente às famílias, através dos respectivos "chefes" elegendo as juntas de freguesia, que depois "concorrem para a eleição das câmaras municipais e estas para os conselhos de província, e na Câmara Corporativa haverá representação de autarquias locais (art. 19º)*[9].

O Código Administrativo de 1936-40 adoptou uma visão extremamente centralizadora, restritiva das atribuições e competências autárquicas, paralelamente a uma drástica redução dos recursos financeiros. Só após o 25 de Abril de 1974 e as tentativas mais imediatas de formas associativas de base, foi definido um regime e sistema autárquico democrático e progressivamente descentralizado, assente na Constituição de 1976 e nas leis do poder local que se lhe seguiram (Lei nº 79/77, de 25 de Outubro, e a Lei das Finanças Locais, a Lei nº 1/79, de 2 de Janeiro).

O traço definidor do município enquanto autarquia é o seu território concelhio e a população que lhe subjaz. E é para a prossecução dos interesses deste agregado populacional que a Constituição e o legislador ordinário o elevam a paradigma administrativo e financeiro da administração local.

De facto, quando nos referimos a «entidades locais» ou «entidades infra-estaduais», reportando-nos ao nosso ordenamento jurídico e esquema de organização territorial autárquica, tal referência traduzir-se-á, na maior parte das ocasiões, nos municípios. Em matéria financeira, são estas autarquias que dispõem de maior autonomia e capacidade de auto-sustentação.

Marcello Caetano, reflectindo sobre a reorganização espacial de vida quotidiana, caracteriza o municipalismo como *"fenómeno administrativo ligado às condições peculiares do localismo, se por esta palavra entendermos um processo de vida social em que os aglomerados humanos estão radicados cada qual à sua localidade e nela realizam económica e espiritualmente a sua vida colectiva. Ora hoje*

---

[9] *Manual de Direito Constitucional*, Tomo I, 8ª Edição, Coimbra Editora, 2009, págs. 300-301.

em dia, sabemo-lo todos, tais circunstâncias modificaram-se por completo. As distâncias praticamente desapareceram. Os homens deixaram de estar arreigados na terra donde são vizinhos para circular facilmente pelo seu país e até pelo mundo. Cada povoação é centro ou satélite de outras com as quais os seus interesses se acham ligados. Raras são as necessidades de um lugar que possam ser satisfeitas localmente (...) Vive-se em local diferente daquele onde se trabalha. As diferenças de níveis de vida de região para região, os desequilíbrios entre as comodidades oferecidas nos campos e nas cidades ou entre as grandes urbes e os núcleos citadinos do interior, tudo isso aparece como chocante neste mundo onde as comunicações fáceis acentuam de dia para dia, cada vez mais, a tendência para a uniformização de hábitos, padrões e costumes. (...) Os municípios têm assim de ser concebidos não como unidades destinadas a viver sobre si mesmas, egoisticamente, laborando as suas próprias possibilidades com utilização exclusiva dos seus recursos, mas como elementos componentes de um conjunto para o qual contribuem, do qual beneficiam e onde desempenham uma função[10].

Os municípios portugueses em Portugal continental

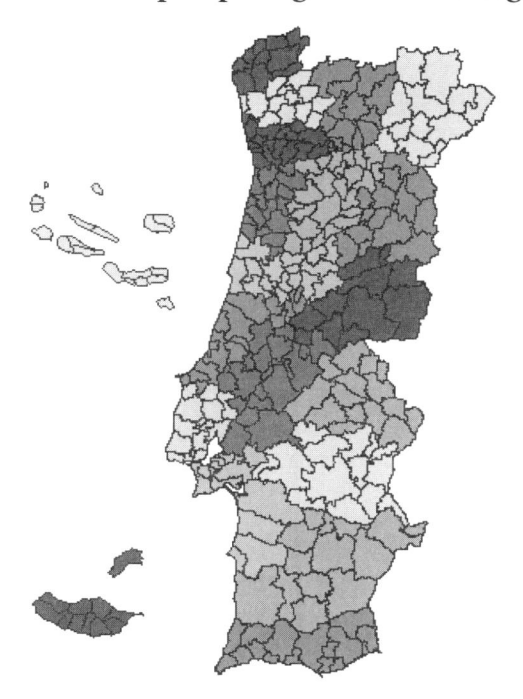

---

[10] *Ensaios Pouco Políticos*, 2ª edição, Editorial Verbo, 1971, págs. 208-209.

1.2. A freguesia

A freguesia constitui um elemento de originalidade do modelo de organização administrativa do território português, dado que, nos demais países, a autarquia de nível inferior é o município. Com origem na divisão territorial eclesiástica, as freguesias têm origem nas antigas paróquias. Essa ligação íntima persiste até hoje, ao menos quanto à definição das suas fronteiras, evidenciado o território paroquial uma estabilidade secular.

A palavra «freguesia» tem origem na expressão *filli eclesia* – filhos da igreja. As paróquias, a sua base fundacional, resultaram da transformação das igrejas rurais. O progresso da colonização das terras reconquistadas levou à criação de novas paróquias, à frente das quais se encontrava um presbítero. A paróquia evolui, transformando-se numa comunidade de interesses, sendo-lhe atribuídas, por via consuetudinária, funções de administração pública, para além das funções eclesiásticas que sempre desempenhou. O liberalismo acabaria por conferir às juntas de paróquia a natureza de autarquia local, da qual são expurgadas por Mouzinho da Silveira, que exclui as paróquias da organização administrativa do território. Em 1836, com o Código Administrativo de Passos Manuel, a paróquia faz a sua reentrada na organização territorial, que só consolidaria em 1878.

Com o advento da I República, a Constituição de 1911 consagra o princípio da descentralização administrativa e, na senda de tal consagração, as paróquias adquirem a designação de paróquias civis, no intuito de separar estas unidades administrativas da Igreja. Por fim, o Código Administrativo de 1936 centra a divisão administrativa do território em torno do concelho, formado por freguesias e agrupado em distritos, e estes em provincias. A natureza coorporativa do regime então vigente impossibilitava a existência de verdadeiras autarquias locais, ao nível concelhio ou ao nível paroquial.

De tal sorte que nos primórdios do liberalismo contavam-se em Portugal cerca de quatro mil freguesias. Existem, actualmente, 4259 freguesias[11].

---

[11] Como refere António Cândido de Oliveira, houve apenas uma tentativa, no século XIX, com expressão legislativa, no sentido de reduzir substancialmente o número de freguesias, mas sem sucesso: *Foi a Lei de Administração Civil, de 26 de Junho de 1867, que dividiu o país, para efeitos administrativos em distritos, os distritos em concelhos e estes em paróquias civis. O mapa da nova divisão administrativa, publicado por Decreto de 10 de Dezembro de 1867, estabelecia 1.093 paróquias civis,*

No período de vigência da Constituição de 1933, as freguesias eram encaradas como municípios secundários, dotadas de escassos meios de acção, um núcleo residual de atribuições e uma total dependência financeira face ao município.

Em rigor, as freguesias apenas conheceram destaque aquando da revolução de 1974, vivendo-se então momentos de edificação de um verdadeiro poder local que, sabemos hoje, ficou muito aquém do anúncio constitucional de 1976.

Nos dias de hoje, estas autarquias mantêm o papel secundário que há muito lhes é atribuído, permanecendo a dúvida sobre a sua real importância. Enquanto alguns salientam a relatividade da sua importância, desempenhando um papel preponderante ao nível rural e contestando a sua razão de ser ao nível urbano, outros autores defendem a valorização do papel das freguesias na administração local.

O argumento que preside à relativização do papel das freguesias prende-se com o carácter diminuto das suas atribuições e da competência dos seus órgãos, *não se diferenciando o núcleo de interesses da freguesia dos do município, podendo mesmo advogar-se que poderiam ser melhor prosseguidos com uma maior desconcentração a nível municipal*, afirma Maria José Castanheira Neves[12].

No campo oposto encontramos Sousa Franco, Sérvulo Correia, Freitas do Amaral, Jorge Miranda e Cândido de Oliveira, argumentando que *as tarefas de prestação de serviços estão dentro da vocação mais genuína das autarquias locais e no que toca às freguesias só a escassez de recursos pode impedir uma actuação significativa. Acções inclusive pioneiras podem e devem ser desenvolvidas pelas freguesias em domínios como a protecção do ambiente, assistência às populações com mais carências, abastecimento alternativo de água de qualidade (fontes e poços), recolha de lixos selectiva (pilhas, vidro)*[13].

---

enquanto o número de paróquias eclesiásticas continuava a rondar as 4.000 (3.971). Esta reforma não resistiu a uma revolta popular de Janeiro de 1868 (a Janeirinha) (Direito das..., ob. cit., pág. 337, nota 687).

[12] *Governo e Administração Local*, Coimbra Editora, 2004, págs. 123-124.

[13] António Cândido de Oliveira, *Direito das Autarquias Locais*, Coimbra Editora, 1993, pág. 348. O reforço do papel das freguesias é defendido por Sousa Franco, Sérvulo Correia, Freitas do Amaral, Jorge Miranda e Luís Sá na publicação *Papel das Freguesias na Administração Portuguesa*, ANAFRE, Benedita, 1990.

De facto, a escassez de recursos continua a limitar a actuação das freguesias. Reconhecendo virtualidades a esta categoria de autarquia, *maxime* o exercício de competências «delegadas» pelas Câmaras Municipais e o seu papel fulcral como agências de recenseamento eleitoral, concordamos com a o argumentário que aponta para a relatividade da sua importância. Julgamos que a tentativa de diminuição numérica destas unidades territoriais levada a cabo no séc. XIX deveria conhecer repetição, mais eficaz e racional.

1.3. As atribuições das autarquias locais

A Constituição estabelece, no art. 237º, nº 1 que *as atribuições e a organização das autarquias locais, bem como a competência dos seus órgãos, serão reguladas por lei, de harmonia com o princípio da descentralização administrativa*, cometendo em seguida os poderes de natureza orçamental às assembleias representativas das autarquias locais.

Neste sentido, a Lei nº 159/99, de 14 de Setembro, estabelece o quadro de transferência de atribuições e competências para as autarquias locais, encontrando-se o quadro de competências e regime jurídico de funcionamento dos órgãos dos municípios e das freguesias plasmado na Lei nº 169/99, de 18 de Setembro.

O primeiro diploma referido caracteriza-se essencialmente pelo seu conteúdo programático, estabelecendo um conjunto vasto de objectivos a atingir, *maxime* a transferência de atribuições e competências em obediência aos princípios da descentralização e da subsidiariedade (art.s 2º e 3º), estatuindo que *a transferência de atribuições e competências é acompanhada dos meios humanos, recursos financeiros e do património adequados ao desempenho da função transferida* (art. 3º, nº 2).

Deste modo, consagra a lei o binómio *competência-financiamento*: o gradual alargamento das atribuições e competências das autarquias, tendo como consequência directa o aumento da despesa e da dimensão administrativo-burocrática das suas estruturas, deverá ser acompanhado do correspondente aumento das receitas.

Nos termos deste diploma (art.s 13º e 14º), os municípios e as freguesias dispõem de atribuições nos seguintes domínios:

Domínios em que as autarquias locais dispõem de atribuições

Municípios	Freguesias
Equipamento rural e urbano	
Energia	
Transportes e comunicações	Equipamento rural e urbano
Educação	Abastecimento público
Património, cultura e ciência	Educação
Tempos livres e desporto	Cultura, tempos livres e desporto
Saúde	Cuidados primários de saúde
Acção social	Acção social
Habitação	Protecção Civil
Protecção civil	Ambiente e salubridade
Ambiente e saneamento básico	Desenvolvimento
Defesa do consumidor	Ordenamento urbano e rural
Promoção do desenvolvimento	Protecção da comunidade
Ordenamento do território e urbanismo	
Polícia municipal	
Cooperação externa	

Fonte: Lei nº 159/99, de 14 de Setembro

Constata-se, de facto, uma sobreposição de domínios no âmbito dos quais quer os municípios, quer as freguesias, dispõem de atribuições, epicentro da problemática em torno da razão de existir destas últimas. Descortina-se, de igual modo, que, em consonância, e sobretudo aos órgãos dos municípios, são distribuídas vastas competências, o que implica um esforço financeiro significativo.

A concretização e regulamentação do *programa legislativo* contido na Lei nº 159/99 têm sido sucessivamente proteladas. Face à situação das finanças públicas portuguesas, revela-se ainda hoje extremamente pertinente e continuamente da maior actualidade a consideração tecida no *Relatório sobre as Medidas para uma Política Sustentável de Estabilidade e Controlo da Despesa Pública*, pelo respectivo Grupo de Trabalho: *sublinha-se que sem avaliar a pressão política por maior descentralização – até porque ela se situa no domínio político e não no técnico –, enquanto o processo de descentralização decorrer ele provoca duplicação de funções, aumento de despesas com os regimes transitórios e custos de transição, pelo que o montante adequado para movimentos profundos de descentralização não pode ser o de um esforço adicional para consolidar ou alcançar níveis mais elevados de estabilidade orçamental*[14].

Tendo presentes estas considerações, compare-se a actuação e dimensão das funções exercidas de forma centralizada e as funções exercidas de forma descentralizada.

Funções Centralizadas e funções descentralizadas

	Funções centralizadas	Funções descentralizadas
Funções gerais de administração	Sistema Judicial Defesa Nacional Segurança Pública	——— ——— Polícias Municipais (facultativo)
Funções Sociais	Educação Currículos Nacionais Pessoal docente (básico e secundário) Equipamento escolar (secund.) Ensino Superior	Construção/manutenção de escolas do ensino pré-escolar e do ensino básico Pessoal não docente (básico) Acção social escolar Transportes escolares
	Saúde Hospitais, Centros de Saúde Pessoal médico, de enfermagem e auxiliar	Participação e consulta no planeamento da rede de centros de saúde
	Segurança e Acção Social Transferências a favor do rendimento.	Cooperação com instituições de solidariedade social e em parceria com a adm. central, em programas e

[14] *Relatório sobre as Medidas para uma Política Sustentável de Estabilidade e Controlo da Despesa Pública*, António Sousa Franco (Coord.), Lisboa, 2002, pág. 101.

	Competência quase exclusiva da administração central	projectos de acção social de âmbito municipal, *maxime* no combate à pobreza e à exclusão social
	Habitação Regulação do mercado de arrendamento Programas de renovação urbana	Disponibilização de terrenos para a construção de habitação social Promoção de programas de habitação a custos controlados, de erradicação de barracas e de renovação urbana
	Serviços Culturais e Recreativos Centros de cultura, ciência, bibliotecas, museus nacionais (IPM) Património cultural, paisagístico e urbanístico regional ou nacional	Construção de instalações desportivas e recreativas Centros de cultura, ciência, bibliotecas, teatros e museus municipais Património cultural, paisagístico e urbanístico municipal
Funções Económicas	**Agricultura, Pecuária, Pesca.** Incentivos económicos **Indústria e Energia** Distribuição de energia eléctrica em alta tensão, apoio às PMEI	——— Distribuição de energia eléctrica em baixa tensão; Iluminação pública urbana e rural
	Transportes e comunicações Rede Nacional de Estradas Portos	Viadutos, arruamentos e obras complementares; Rede Viária Municipal
	Águas, saneamento e resíduos Tratamento de resíduos perigosos	Distribuição de água em alta e em baixa Tratamento de resíduos sólidos Sistemas de esgotos

Fonte: *Economia e Finanças Públicas* (AAVV)

2. Os fenómenos *embrionários* de escala: o associativismo municipal e as autarquias *especiais*[15]

2.1. O associativismo municipal

Actualmente, o localismo da vida de relação vai, muitas vezes, para além das fronteiras municipais. De facto, *um futuro de melhor e mais racional administração, com as inerentes mais-valias para os utentes e contribuintes, passará sem dúvida pela procura de uma escala mais adequada das circunscrições autárquicas, nas múltiplas formas que um processo desta índole pode revestir*[16].

A Constituição, na sua redacção originária, estabelecia a possibilidade de constituição de associações e federações *para a administração de interesses comuns* (art. 254º, nº 1), podendo a lei estabelecer a obrigatoriedade da federação (nº 2). Alterado pela revisão constitucional de 1982, o renumerado art. 253º estatui: *os municípios podem constituir associações e federações para a administração de interesses comuns, às quais a lei pode conferir atribuições e competências próprias*.

Também as freguesias podem constituir associações para a administração de interesses comuns, nos termos do art. 247º da Constituição. O Texto Fundamental limita, no entanto, o associativismo das freguesias à figura jurídica da *associação*.

O redimensionamento autárquico pode passar por um processo de unificação horizontal – fusão – ou por um processo de unificação vertical – associação. Aquela importa a supressão de entes locais, retirando do mapa administrativo as entidades de menores dimensões e expressão económica. Reveste duas modalidades: a fusão por recriação, fundindo-se duas entidades locais autónomas preexistentes, formando uma só entidade; e a fusão por absorção, através da qual as autarquias limítrofes são parcial ou totalmente incorporadas numa entidade local preexistente.

---

[15] Neste ponto seguimos o nosso *Descentralização e Justa Repartição de Recursos entre o Estado e as Autarquias Locais*, Almedina, 2007, nas págs. 161 a 173, inovando, no entanto, relativamente aos regimes actualmente vigentes relativos ao associativismo municipal e às áreas metropolitanas e consequentes desenvolvimentos financeiros.

[16] António Cândido de Oliveira, *Direito…*, ob. cit., pág. 348.

O associativismo autárquico passa pela cooperação entre municípios ou freguesias, mantendo todos os participantes a sua autonomia. Pode revestir uma de três modalidades: a federação, a associação e a contratualização.

Por federação – forma jurídica cujo acesso se encontra constitucionalmente limitada aos municípios – entende-se a constituição de um nível de administração supramunicipal, compreendendo o exercício de competências transferidas dos municípios. Traduz-se *numa estrutura solidária, de integração acentuada, e por vezes legitimada electivamente; e, em geral, compreende uma gestão estável e funcional; é normalmente uma séria alternativa à fusão*[17].

À associação correspondem entes livremente criados e dissolvidos pelas autarquias participantes, envolvendo um conjunto muito variado de formas institucionalizadas de colaboração. Por fim, na contratualização, as autarquias cooperam mutuamente para o exercício de tarefas, competências ou prestação de serviços, estando a relação entre as autarquias agremiadas contratualmente estabelecida.

Na vigência da Constituição de 1976 a associação de municípios conheceu previsão legal em 1981, através do Decreto-Lei nº 266/81, de 15 de Setembro, revogado depois pela Lei nº 172/99, de 21 de Setembro, que definia a associação de municípios como uma pessoa colectiva de direito público, criada por dois ou mais municípios, para a realização de interesses específicos comuns. As associações de freguesias seriam legalmente estabelecidas através do Decreto-Lei nº 412/99, de 29 de Novembro (ainda em vigor).

Em 2003 é encetada a denominada *reforma da divisão administrativa do país*. O projectado mapa associativo municipal desencadeado através da Lei nº 10/2003 de 13 de Maio – que estabeleceu o regime de criação, o quadro de atribuições e competências das áreas metropolitanas e o funcionamento dos seus órgãos – e da Lei nº 11/2003, de 13 de Maio – que estabeleceu o regime de criação, o quadro de competências das comunidades intermunicipais de direito público e o funcionamento dos seus órgãos – pretendia colmatar uma deficiência crítica da nossa organização

---

[17] José António Santos, "O Associativismo Municipal na Europa", *Revista de Administração Local*, Nº 171, Ano 22, 1999, págs. 315-336.

territorial: a inexistência de um nível de governo intermédio, localizado entre a Administração Central e os municípios, após a falência do modelo de regionalização proposto a referendo em Novembro de 1998.

À instituição das regiões administrativas foi concedida previsão constitucional logo em 1976. Verdadeira categoria das autarquias locais, a Constituição confere às regiões administrativas, designadamente, *a direcção de serviços públicos e tarefas de coordenação e apoio à acção dos municípios no respeito pela autonomia destas e sem limitação dos respectivos poderes* (art. 257º)[18]. As regiões administrativas nunca vieram a ser instituídas e, somos em crer, não serão num futuro próximo ou de médio prazo. A dificuldade em obter consensos bem como em definir o mapa das regiões atrasou o processo de regionalização até Novembro de 1998, momento em que a maioria dos cidadãos chamados a votar em referendo declinou a instituição das(quelas) regiões. Apesar de não revestir efeitos vinculativos, pela fraca adesão dos eleitores, o resultado do referendo acabou por servir de mote a uma conformação política e social, inviabilizando na prática a criação deste nível autárquico intermédio[19]. Até aos nossos dias.

---

[18] Este preceito foi aprovado, em 1976, com dois votos contra do MDP, crítico da definição constitucional das tarefas a atribuir às regiões, preconizando a sua definição por lei à semelhança do que sucede com as demais autarquias locais, e com dezanove abstenções do PCP. O então deputado comunista Vital Moreira, em declaração de voto, delineou um conjunto de parâmetros para a definição de competências destas autarquias, sobremaneira importantes para o debate actual, pois sobre a reforma de 2003 impenderam acusações de generalidade na previsão de competências e de falta de clareza nos mecanismos de atribuição e articulação entre entidades, e hoje, somos em crer, a regionalização é uma miragem, mas a reorganização do território uma imposição. À época, então, Vital Moreira declarou: *Entendemos que o Deputado Álvaro Monteiro, do MDP, tem alguma razão quando aponta para a incoerência lógica do facto de em relação a outras autarquias não se ter dedicado qualquer artigo em relação às suas atribuições. Entretanto acabámos por não retirar o apoio, de princípio genérico, que tínhamos dado a este artigo, na medida em que sempre a lei ficaria livre para atribuir às regiões as atribuições que entendesse. E, na realidade, as atribuições que aqui estão contidas, umas já derivam da qualificação das regiões, nomeadamente no que respeita à colaboração no planeamento, outras derivam da sua característica de serem autarquias supramunicipais e, portanto, de terem tarefas de coordenação e apoio à acção de municípios, e no que respeita à direcção de serviços públicos, pois isso remete-se para além, entendendo-se que, naturalmente, não serão atribuídas às regiões, nem todas nem a maior parte dos actuais serviços do Estado que existem a nível regional.* (Transcrito por Victor Silva Lopes, *Constituição da República Portuguesa de 1976 (Anotada)*, Editus, 1976, págs. 269-270).

[19] Sobre os princípios orientadores do modelo regional proposto em 1998, *vide descentralização, Regionalização e Reforma Democrática do Estado*, 2ª Edição, Comissão de Apoio à Reestruturação do Equipamento e da Administração do Território, MEPAT, 1998.

Surgiu, então, a *reorganização territorial* de 2003. Que, pretendia-se, passaria, numa primeira fase, pela associação voluntária dos municípios – os seus dirigentes directa e democraticamente eleitos definiriam o *mapa associativo* e, assim, o mapa da divisão administrativa; numa segunda fase, pela efectiva transferência contratualizada de competências e recursos da Administração Central para as novas entidades[20]; e, finalmente, na terceira e derradeira fase daquele processo, pela fusão das áreas metropolitanas e comunidades intermunicipais em entidades de matriz macro-regional – que, nesse momento, poderiam estar aptas, ou não, a substituir as regiões administrativas e que deveriam, impreterivelmente, ser dotadas de órgãos directamente eleitos, pondo fim à tão falada questão da falta de legitimidade de tais entidades.

No âmbito de tal *reorganização* surgiram as novas «áreas metropolitanas», definidas pela Lei nº 10/2003, de 13 de Maio, como *pessoas colectivas públicas de natureza associativa e de âmbito territorial e visam a prossecução de interesses comuns aos municípios que as integram* (art. 2º), de dois tipos: as grandes áreas urbanas (GAM) e as comunidades urbanas (ComUrb).

Do mesmo modo, foram criadas as comunidades intermunicipais de direito público, através da Lei nº 11/2003, de 13 de Maio – que revogou a Lei nº 172/99, de 21 de Setembro –, conhecendo também uma caracterização dupla: falava-se, por um lado, de comunidades intermunicipais de fins gerais, *pessoas colectivas de direito público, constituídas por municípios ligados entre si por um nexo territorial* (art. 2º, nº 1); e associações de municípios de fins específicos, *pessoas colectivas de direito público, criadas para a realização de interesses específicos comuns aos municípios que as integram* (art. 2º, nº 2).

Apesar das dificuldades de delimitação entre as figuras das áreas metropolitanas e das comunidades intermunicipais de fins gerais, a ideia seria a de os municípios terem o poder de escolha relativamente ao tipo de entidade que pretendiam constituir ou aderir, apenas podendo pertencer a uma área metropolitana ou a uma comunidade intermunicipal (art. 3º, nº 7 da Lei nº 10/2003 e art. 2º, nº 7 da Lei nº 11/2003).

---

[20] Na medida em que, no acto constitutivo daqueles novos *entes autárquicos*, ao menos parte das competências municipais cujo exercício pelas áreas metropolitanas ou pelas comunidades intermunicipais, conforme o caso, gerasse ganhos de eficiência, eficácia e economia, seria transferida.

Era precisamente nos termos desse *poder de escolha* que radicava a irracionalidade daquele modelo de reorganização territorial. De facto, é imperioso que os municípios ganhem escala, se dimensionem adequadamente para a prossecução de determinadas tarefas que, desempenhadas de forma solitária, geram deseconomias de escala e ineficiências várias. O voluntarismo inerente ao movimento associativo municipal tem de conhecer critérios de racionalidade que permitam gerar ganhos efectivos na prossecução associada de competências municipais. E, bem assim, a denominada *reforma da divisão administrativa de 2003* nunca conheceu cabal e integral implementação.

Entendíamos nós que à Lei nº 10/2003, bem como à Lei nº 11/2003, deveria suceder um novo regime jurídico do associativismo municipal, quando surge a Lei nº 45/2008, de 27 de Agosto, que estabelece o regime jurídico do associativismo municipal, revogando as Leis nºs 10/2003 311/2003, de 13 de Maio.

Nos termos deste regime, distinguem-se as associações de municípios de fins múltiplos das associações de municípios de fins específicos (art. 2º, nº 1). Aquelas conhecem a designação de Comunidades Intermunicipais (CIM), e são *pessoas colectivas de direito público constituídas por municípios que correspondam a uma ou mais unidades territoriais definidas com base nas Nomenclaturas das Unidades Territoriais Estatísticas de nível III (NUTS III) e adoptam o nome destas* (art. 2º, nº 2); já as associações de municípios de fins específicos são *pessoas colectivas de direito privado criadas para a realização em comum de interesses específicos dos municípios que as integram, na defesa de interesses colectivos de natureza sectorial, regional ou local* (nº 4 do art. 2º).

Mais, o diploma específica que os municípios da Grande Lisboa e da Península de Setúbal integram a área metropolitana de Lisboa e os municípios do Grande Porto e de Entre-o-Douro e Vouga integram a área metropolitana do Porto (art. 2º, nº 3), que são então reguladas pela Lei nº 46/2008, de 27 de Agosto, que estabelece o regime jurídico das áreas metropolitanas de Lisboa e do Porto e lhes confere a natureza de *forma específica de associação dos municípios abrangidos* (art. 2º, nº 1).

Pronunciando-se sobre esta temática, Ana Bela Santos e Jorge Vasconcellos afirmam que *as associações de municípios podem ser uma alternativa potencialmente superior à regionalização (...) do ponto de vista económico (e apenas deste ponto de vista), as associações de municípios são uma alternativa superior pois são de natureza voluntária enquanto as regiões integram municípios de forma compulsiva e irreversível. Com efeito, o associativismo tem subjacente o argumento teórico dos* clubes, *que se situa na área da* Public Choice *e remonta a* Tiebout *e* Buchanan. *Os* clubes *formam-se pela associação voluntária de indivíduos de preferências iguais para partilharem os custos de um serviço colectivo. É claro que, do ponto de vista político, uma regionalização bem realizada seria uma forma de organização democrática superior, pois as regiões teriam órgãos de decisão política, ao contrário das associações*[21].

Ora, concordamos com os autores na medida em que advogam que as associações de municípios fornecem resposta a algumas necessidades de âmbito supramunicipal, *maxime* como instrumentos de partilha de custos na provisão de *bens de clube*, que são *bens mistos que se caracterizam por o consumo ser* colectivo, *a adesão ser* voluntária, *praticar-se a* exclusão *na base de um* preço *e existir* rivalidade no consumo *a partir de uma certa densidade de utilização. Adicionalmente, os membros partilham os custos de fornecimento do bem*[22]. O voluntarismo inerente ao associativismo privilegia, de facto, as associações como espaços óptimos para a produção daqueles bens. Já assim não será, necessariamente, quanto à produção de bens públicos, onde o carácter voluntário da associação já não será uma *mais-valia*, caracterizando-se estes bens pela indivisibilidade da sua utilidade, pela impossibilidade de exclusão ou do acesso generalizado e pela impossibilidade de rejeição por parte dos consumidores, beneficiando os membros ou visitantes de um dado território (falando-se então de *bens públicos locais* ou, no caso, *supramunicipais*), nomeadamente em relação àqueles em que os ganhos de escala são imperiosos para a sua produção em condições de maior eficiência. Aqui, a solução espacial financeira e económica óptima para a provisão ou prestação pública não será, sobretudo nos termos de caracterização que as associações municipais nacionais conhecem, a associação de municípios mas antes, como advogaremos adiante, a federação.

---

[21] *Autarquias Locais, Descentralização e Melhor Gestão*, Verbo, 2000, pág. 134.
[22] Paulo Trigo Pereira, António Afonso, Manuela Arcanjo e José Carlos Gomes, *Economia e Finanças Públicas*, Escolar Editora, 3ª edição, 2009, pág. 306. Relembre-se que o modelo básico dos *bens de clube*, ou *Teoria dos Clubes*, foi introduzido por James Buchanan, no seu texto "An Economic Theory of Clubs", *Economica*, Nº 32, págs. 1-14.

2.2. As autarquias locais *especiais*: a dimensão metropolitana da organização do território

A cooperação intermunicipal e a dimensão metropolitana da organização territorial infraestadual surgem, assim, intimamente relacionadas. A introdução de factores de racionalidade económica no contexto do progresso técnico, nas décadas de sessenta e setenta do passado século, levou a que um número crescente de assuntos abandonasse o carácter local que, até então, os caracterizava: *tarefas que durante muito tempo ficaram confinadas ao domínio municipal começaram a ser tratadas a nível superior, quer supramunicipal, quer mesmo nacional. Foi o que sucedeu com a iluminação e energia (aparecimento da energia eléctrica explorada em grandes centrais), assistência hospitalar qualificada e segurança social. A mesma ideia é expressa em Itália por Giannini ao escrever que o progresso tecnológico exige, para a concreta administração de importantes matérias (urbanismo, assistência sanitária, obras públicas, protecção do ambiente) grandes espaços e, consequentemente, concentração de decisões em espaços que ultrapassam o âmbito municipal*[23].

Depois, a concentração populacional em torno das grandes cidades – fenómenos que extravasam as fronteiras municipais – constituindo um dos traços caracterizadores dos nossos tempos, obrigou o Direito a fornecer resposta às questões suscitadas por esta *nova forma de vida*. Ou seja, tal como afirma Maria Concepción Barrero Rodríguez, *o que está em jogo, em última instância, é determinar se certos serviços públicos se prestarão melhor adaptados a esses espaços territoriais supramunicipais ou se, pelo contrário, podem continuar a ser prestados com eficácia nos estreitos limites municipais*[24].

Esta *nova forma de vida* reclamou do Direito novas fórmulas de organização territorial que adaptassem as velhas estruturas da administração local, herdeira dos postulados revolucionários – da *vontade política pública* de Hobbes, e da *vontade geral* de Rousseau – à problemática diversa que afecta os espaços que aspira administrar[25].

Deste modo, a Constituição de 1976 estabeleceu no art. 238º, nº 3 que *nas grandes áreas metropolitanas a lei poderá estabelecer, de acordo com as suas con-*

---

[23] António Cândido de Oliveira, *Direito das...*, ob. cit., pág. 138.
[24] *Las Areas Metropolitanas*, Civitas, 1993, pág. 23 (tradução nossa). Vide, de igual modo, António Simões Lopes, *Desenvolvimento Regional. Problemática, Teoria, Modelos*, 5ª edição, Lisboa, Fundação Calouste Gulbenkian, 2001.
[25] Neste sentido, Maria Concepción Rodríguez, ob. cit., pág. 28 e segs.

dições específicas, outras formas de organização territorial autárquica. O preceito foi alterado pela revisão constitucional de 1982, prescrevendo o actual art. 236º, nº 3: *nas grandes áreas urbanas e nas ilhas, a lei poderá estabelecer, de acordo com as suas condições específicas, outras formas de organização territorial autárquica.*

Face à estatuição constitucional, não parecem restar dúvidas quanto à inserção das entidades criadas para a prossecução dos interesses específicos das populações de grandes áreas urbanas na categoria das autarquias locais. Poderemos, somente, questionar se a expressão *outras formas de organização territorial* implica a convivência destas entidades especiais com as formas autárquicas típicas, ou a existência daquelas em substituição destas. No sentido de que o preceituado constitucional pode comportar qualquer uma das situações elencadas, pronunciam-se Gomes Canotilho e Vital Moreira, nas suas anotações ao Texto Fundamental[26].

O legislador ordinário fez uso desta possibilidade constitucionalmente aberta apenas em 1991. As áreas metropolitanas de Lisboa (AML) e do Porto (AMP) foram criadas através da Lei nº 44/91, de 2 de Agosto – revestindo a natureza de *pessoas colectivas de direito público de âmbito territorial e visam a prossecução de interesses próprios das populações das áreas dos municípios integrantes* (art. 1º, nº 2) – e assumindo um conjunto de atribuições em tudo semelhantes às funções exercidas pela federação de municípios consagrada no Código Administrativo de 1936 (art. 4º). Não tinham, no entanto, órgãos directamente eleitos, levando autores como Diogo Freitas do Amaral a considerar que estas áreas metropolitanas seriam sim associações obrigatórias de municípios[27].

Vejamos estas duas questões, pela relevância que adquirem adiante, ao expormos o nosso modelo analítico.

De facto, as federações de municípios obrigatórias do Código Administrativo de 1936, são as antecessoras das AML e AMP, e das actuais áreas metropolitanas desenhadas pela Lei nº 46/2008, de 27 de Agosto, que já observámos. Nas palavras de Oliveira Lírio, e nos termos daquele Código, *diz-se federação de municípios a associação de câmaras municipais, voluntária ou*

---

[26] *Constituição...*, ob. cit., pág. 884.
[27] Assim expressava a sua opinião o Douto Professor no seu *Curso de Direito Administrativo*, na 2ª Edição, Volume I (10ª Reimpressão da 2ª edição de 1994), Almedina, 2005, pág. 513.

imposta por lei, para realização de interesses comuns dos respectivos concelhos (art. 177º, Código Administrativo). Não se trata, pois, da criação de um ente distinto, superior aos associados, não tendo a designação sido adoptada no seu sentido próprio. A federação pode ter por objecto: 1º – o estabelecimento, unificação e exploração de serviços susceptíveis de serem municipalizados; 2º – a elaboração e execução de um plano comum de urbanização e expansão; 3º – a administração de bens e direitos comuns indivisos; 4º – a organização e manutenção de serviços especiais comuns (Código Administrativo, art. 178º).

São **obrigatórias***: 1º – a federação dos concelhos de Lisboa e Porto com os concelhos vizinhos em que a sua influência se faça sentir intensamente; 2º – a federação de concelhos limítrofes de um centro urbano de qualquer ordem, quando seja considerado útil. Estas são decretadas pelo Ministro do Interior, ouvidas as câmaras interessadas, e os seus fins são mais amplos (art. 190º, Código Administrativo). Pelo Decreto-Lei nº 40904, de 15 de Dezembro de 1956, foi criada a Federação dos Municípios da Ilha de São Miguel (Açores) para execução de um plano geral de aproveitamentos hidráulicos e de electrificação, e pelo Decreto-Lei nº 41527, de 11 de Fevereiro de 1958, definiram-se as atribuições da respectiva comissão administrativa. O Código Administrativo considerou constituídas, desde logo, as federações obrigatórias seguintes: 1º do concelho de Lisboa, com os de Oeiras, Cascais, Loures e Sintra; 2º do concelho do Porto com os de Vila Nova de Gaia, Valongo, Matosinhos, Maia e Gondomar (art. 175º)*[28]*.*

Em 1971, Marcello Caetano já dava conta da *necessidade de colaboração entre os municípios*; ponderando *o papel dos municípios no fomento regional*, e questionando-se sobre que municípios desempenhavam tal função, o Professor de Lisboa, autor do Código Administrativo de 1936, escreveu, em considerações da maior relevância para a questão em apreço: *previu--se com largueza que os municípios, cujas possibilidades de acção isolada se sabiam limitadas, pudessem associar-se para realizar em comum as tarefas susceptíveis de assim serem levadas a cabo. É a razão de ser das federações de municípios. Sabia-se, por experiência alheia, que as grandes cidades tendem a derramar-se pelos arredores, formando com os municípios vizinhos, onde se instalam cidades satélites e dormitórios suburbanos, inevitáveis unidades sociais que têm de ter a sua expressão administrativa. Por esse motivo foram criadas as federações obrigatórias dos municípios*

---

[28] "Administração Local", *Dicionário Jurídico da Administração Pública*, Volume I, Lisboa, 1990, págs. 220-221.

das áreas de Lisboa e do Porto que, em trinta anos, nunca forma de facto instaladas nem funcionaram efectivamente. E todavia a previsão das realidades confirmou-se e hoje está à vista de todos que Lisboa oficial se insere numa «grande Lisboa» ou «Lisboa-maior», assim como o Porto deixou de caber nos seus limites urbanos para abranger núcleos circundantes que com ele forma um «grande Porto» ou o «Porto-maior» (…) Põem-se assim já em termos macroeconómicos em cuja formulação e resolução pouco podem influir anseios desta ou daquela povoação. Os problemas têm de se vistos em grande, pensados em grande e solucionados em grande. E o planeador, mesmo para criar entre os interessados a consciência da dimensão regional dentro das coordenadas nacionais, precisa de se dirigir, não ao representante de uma parcela minúscula mas aos que, reunidos, traduzem já a pluralidade, a complexidade e a extensão dessa realidade ampla[29].

Efectivamente, afirma Maria José Castanheira Neves, embora o diploma de 1991 *classificasse as áreas metropolitanas como pessoas colectivas de direito público de âmbito territorial, constatou-se que, com o enquadramento legal que lhes foi dado pelo citado diploma, não foram criadas novas autarquias mas sim associações obrigatórias de municípios de carácter especial*[30].

Verifica-se, no entanto, que o pendor metropolitano da nossa organização urbana, social e económica acentuou-se com a evolução do sistema

---

[29] *Ensaios …, ob. cit., págs. 209-213. Afirma ainda o Douto Professor: O Estado teve assim de acorrer com as suas providências a suprir as omissões da acção que o legislador admitiu que fosse concertada pelos municípios. O Plano Regional de Lisboa, decretado em 1959 devido à rasgada visão e iniciativa desse grande ministro das Obras Públicas que foi o Eng.º Eduardo de Arantes e Oliveira, traduziu o reconhecimento da impotência dos municípios, mesmo quando possuam a dimensão e os recursos das maiores cidades e das povoações que lhes ficam próximas, para resolver problemas à escala regional; na lei que previu esse plano ordenador criou-se mesmo uma comissão consultiva extremamente numerosa, em minha opinião, e por isso mesmo pouco eficaz, onde as vozes dos municípios escassamente representados se misturam com a burocracia e se perdem no conjunto das entidades componentes. Se, porém, deixarmos os casos das grandes cidades teremos ainda no Código a faculdade de associação de concelhos, por sua livre resolução, nas «federações voluntárias», previstas para estabelecer e explorar em comum serviços municipalizados, ou para manter serviços técnicos ou para elaborar planos de urbanização. Poucas foram as federações criadas à sombra desta faculdade legal. Nenhuma até hoje, que me conste, foi para fins de fomento regional, aliás não previsto na letra do Código. Esta é a fórmula que, porém, se me afigura válida para permitir a participação efectiva dos municípios de uma região, na obra de valorização dela. Na verdade seria muito pouco se os concelhos se limitassem a colaborar na elaboração dos planos regionais mediante a resposta a inquéritos ou a formulações de votos e aspirações. O planeamento regional exige uma visão de conjunto das necessidades da região e a sua consideração no quadro do planeamento global e dentro das possibilidades técnicas dos planeamentos sectoriais.*
[30] *Governo…, ob. cit., pág. 326.*

democrático. Segundo um estudo do Instituto Nacional de Estatística, publicado em 2005 com o título "Sistema urbano: áreas de influência e marginalidade funcional", e ainda da maior actualidade, a *hierarquia de centros urbanos construída e a delimitação das suas áreas de influência fornecem uma leitura do sistema urbano onde se distinguem os sistemas metropolitanos de Lisboa e do Porto, mais complexos e que extravasam os limites administrativos das respectivas áreas metropolitanas (englobando, por exemplo, Braga, no caso do Porto, e Torres Vedras, no caso de Lisboa). O território não metropolitano continua a ser estruturado maioritariamente em torno de capitais de distrito. No entanto, um número reduzido de centros urbanos do interior estrutura mais de metade do território do Continente no acesso a bens e serviços*[31].

---

[31] Assim, *os centros urbanos apresentam-se como nós territoriais, concentrando funções estruturantes na organização do quotidiano das populações que residem para além dos seus limites. Foi estabelecida uma hierarquia de centros urbanos que depende do número e tipo de funções aí disponíveis.* Desta forma, e de acordo com o referido estudo, no território nacional distinguem-se quatro tipos de áreas de influência: (1) *as áreas de influência por continuidade,* correspondentes ao *desenho territorial mais próximo dos esquemas teóricos de áreas de influência, ocorrendo em territórios onde a rede urbana é pouco densa e estruturada. Aparecem com maior nitidez no Alentejo (por exemplo, Évora e Beja), onde a estrutura de povoamento é bastante concentrada e os centros urbanos distantes entre si, e no interior do país, onde escasseiam centros urbanos com índices de centralidade significativos (por exemplo, Guarda e Castelo Branco);* (2) *as áreas de influência fragmentadas,* que ocorrem *em territórios com lógicas funcionais mais complexas, onde a relação entre a distância física e a distância-tempo é menos linear, com uma maior densidade de centros urbanos relevantes e, por isso, propícias ao desenvolvimento de estratégias de competição/complementaridade entre centros urbanos. Estas áreas envolvem espaços que, muitas das vezes, estão mais próximos fisicamente de outros centros urbanos que não os que sobre si exercem efectivamente influência. Surgem assim, predominantemente, associados a centros urbanos do litoral, especialmente, na Região Norte;* (3) *os arquipélagos sob influência de centros metropolitanos,* sendo nas *Áreas Metropolitanas de Lisboa e do Porto e áreas envolventes que se encontra a maior densidade de centros urbanos com elevados índices de centralidade e onde as lógicas de competição/complementaridade são mais fortes. Para além disso, é nestas áreas que a rede de transportes é mais densa, mais fortemente delineada em função dos centros metropolitanos, permitindo que estes captem sob sua influência territórios mais distantes;* e, finalmente, (4) *os esquemas de funcionalidade hierárquica,* que correspondem, também, *a áreas de influência fragmentadas mas em que o território, que constituiu o centro polarizador, está sob influência de outros centros urbanos que tendencialmente detêm índices de centralidade mais elevada. Esta lógica de funcionalidade hierárquica ocorre sob moldes das áreas de influência por continuidade (por exemplo, área de influência de Vila Real de Santo António que se encontra sob a influência de Faro) ou das áreas de influência fragmentadas (por exemplo, Albergaria-A-Velha, que se encontra na área de influência de Aveiro), sendo que também têm especial incidência nas áreas metropolitanas e espaços envolventes (por exemplo, Penafiel, que se encontra sob a influência do Porto; Sacavém que se encontra sob influência de Lisboa).*

Sendo a área metropolitana uma expressão ambivalente, nela encontramos um conceito extra-jurídico e um conceito normativo: *de um ponto de vista fáctico, alude-se através de tal denominação àquelas aglomerações urbanas situadas na cintura das grandes cidades; da óptica do Direito, há formas de organização e governo características de tais espaços*[32]. De facto, em qualquer destes planos encontramos discrepâncias, consoante o sistema jurídico chamado a pronunciar-se.

Pensadas para resolver os problemas das grandes áreas urbanas, as áreas metropolitanas apenas serão verdadeiras autarquias locais conquanto reúnam os elementos essenciais de tal conceito – território, agregado populacional, interesses comuns e órgãos representativos – e, segundo François Ascher, possuírem as seguintes características: (a) densidade populacional razoável, (b) multifuncionalidade e (c) dimensão internacional[33].

Por seu turno, Margarida Pereira, Carlos Nunes da Silva e Fernando Nunes da Silva entendem que a constituição de uma grande metrópole implica determinado tipo de problemas cuja gestão deve ser atribuída à própria área metropolitana, nomeadamente aqueles que se prendam com *as relações de âmbito regional e que, numa situação em que a continuidade geográfica já deixou de ser uma característica incontornável das áreas metropolitanas, se define muito mais como o espaço das deslocações pendulares e das grandes relações de interdependência ao nível dos consumos – materiais, mas também cada vez mais culturais e associados ao lazer*[34]. Incluem-se aqui a provisão de bens e serviços públicos como a distribuição e tratamento de águas, recolha e tratamento de resí-

---

Destacam-se ainda os territórios exteriores às áreas de influência *que representam lógicas de funcionamento não integradas nos centros urbanos delimitados neste estudo, ou porque os fluxos de saída da freguesia em questão são demasiado difusos, ou porque estas freguesias estão integradas funcionalmente com outros territórios exteriores aos centros urbanos delimitados.*

[32] Maria Concepción Rodríguez, ob. cit., pág. 59 (tradução nossa).

[33] *Metapolis – Acerca do futuro da cidade*, Oeiras, Celta, 1998.

[34] *Comunicação apresentada no VIII Colóquio Ibérico de Geografia*, Lisboa, Setembro, 1999, *apud* Maria José Castanheira Neves, ob. cit., pág. 332. De acordo com os autores, a constituição de grandes metrópoles coloca, também, problemas *relacionados com a internalização da metrópole, centrados sobretudo nos equipamentos e infra-estruturas de comunicação e nos suportes das actividades do sector financeiro* que, tendo em conta a sua dimensão e o nível de investimento necessário, serão matérias de prossecução estadual, em exclusividade ou, preferencialmente, em cooperação com as áreas metropolitanas.

duos, transportes colectivos, infra-estruturas rodoviárias e de habitação, entre outros.

Ora, na medida em que a provisão municipal de bens públicos conhece limitações gerando, muitas vezes, *spillovers* que produzem efeitos de âmbito supramunicipal, mas não recomendando a eficiência, economia e amplitude da tarefa a intervenção estadual, as áreas metropolitanas configuram-se como espaço óptimo para a provisão de determinados bens públicos. Contudo, para que a optimização económica se realize de forma plena é imprescindível promover o *óptimo político*, e dotar tais entidades da legitimidade política necessária para que sejam, antes de mais, o *espaço óptimo de decisão financeira* capaz, também, de garantir a sustentabilidade das suas finanças.

O quadro actual do associativismo municipal e das *áreas metropolitanas*

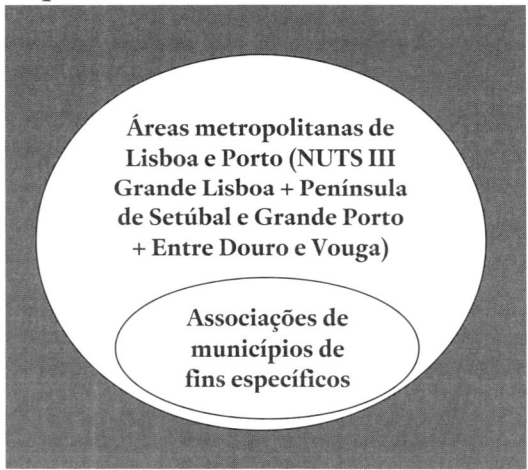

Áreas Metropolitanas

Lisboa	Alcochete, Almada, Amadora, Barreiro, Cascais, Lisboa, Loures, Mafra, Moita, Montijo, Odivelas, Oeiras, Palmela, Seixal, Sesimbra, Setúbal, Sintra, Vila Franca de Xira
Porto	Arouca, Espinho, Gondomar, Maia, Matosinhos, Oliveira de Azeméis, Porto, Póvoa do Varzim, Santa Maria da Feira, Santo Tirso, São João da Madeira, Trofa, Vale de Cambra, Valongo, Vila do Conde, Vila Nova de Gaia

Comunidades Intermunicipais existentes

CIM Baixo Mondego	Cantanhede, Coimbra, Condeixa-a-Nova, Figueira da Foz, Mealhada, Mira, Montemor-o-Velho, Mortágua, Penacova, Soure
CIM Comurbeiras (Beira Interior Norte/Cova da Beira)	Almeida, Belmonte, Celorico da Beira, Figueira de Castelo Rodrigo, Fundão, Guarda, Manteigas, Mêda, Pinhel, Sabugal, Trancoso
CIM da Beira Interior Sul	Castelo Branco, Idanha-a-Nova, Penamacôr, Vila Velha de Rodão
CIM da Serra da Estrela – CIMSE	Fornos de Algodres, Gouveia, Seia
CIM Dão Lafões	Aguiar da Beira, Carregal do Sal, Castro Daire, Mangualde, Nelas, Oliveira de Frades, Penalva do Castelo, Santa Comba Dão, São Pedro do Sul, Sátão, Tondela, Vila Nova de Paiva, Viseu, Vouzela
CIM de Trás-os--Montes	Alfândega da Fé, Boticas, Bragança, Chaves, Macedo de Cavaleiros, Miranda do Douro, Mirandela, Mogadouro, Montalegre, Ribeira de Pena, Valpaços, Vila Flor, Vila Pouca de Aguiar, Vimioso, Vinhais
CIM do Alentejo Central	Alandroal, Arraiolos, Borba, Estremoz, Évora, Montemor-o-Novo, Mora, Mourão, Portel, Redondo, Reguengos de Monsaraz, Vendas Novas, Viana do Alentejo, Vila Viçosa
CIM do Alentejo Litoral	Alcácer do Sal, Grândola, Odemira, Santiago do Cacém, Sines
CIM do Algarve	Albufeira, Alcoutim, Aljezur, Castro Marim, Faro, Lagoa, Lagos, Loulé, Monchique, Olhão, Portimão, São Brás de Alportel, Silves, Tavira, Vila do Bispo, Vila Real de Santo António
CIM do Alto Alentejo	Alter do Chão, Arronches, Avis, Campo Maior, Castelo de Vide, Crato, Elvas, Fronteira, Gavião, Marvão, Monforte, Nisa, Ponte de Sôr, Portalegre, Sousel
CIM do Ave	Cabeceiras de Basto, Fafe, Guimarães, Mondim de Basto, Póvoa do Lanhoso, Vieira do Minho, Vila Nova de Famalicão, Vizela

CIM do Baixo Alentejo	Aljustrel, Almodôvar, Alvito, Barrancos, Beja, Castro Verde, Cuba, Ferreira do Alentejo, Mértola, Moura, Ourique, Serpa, Vidigueira
CIM do Cávado	Amares, Barcelos, Braga, Esposende, Terras de Bouro, Vila Verde
CIM do Douro	Alijó, Armamar, Carrazeda de Ansiães, Freixo de Espada à Cinta, Lamego, Mesão Frio, Moimenta da Beira, Moncorvo, Murça, Penedono, Peso da Régua, Sabrosa, Santa Marta de Penaguião, São João da Pesqueira, Sernancelhe, Tabuaço, Tarouca, Vila Nova de Foz Côa, Vila Real
CIM do Médio Tejo	Abrantes, Alcanena, Constância, Entroncamento, Ferreira do Zêzere, Mação, Ourém, Sardoal, Tomar, Torres Novas, Vila Nova da Barquinha
CIM do Oeste	Alcobaça, Alenquer, Arruda dos Vinhos, Bombarral, Cadaval, Caldas da Rainha, Lourinhã, Nazaré, Óbidos, Peniche, Sobral de Monte Agraço, Torres Vedras
CIM do Pinhal Interior Norte	Alvaiázere, Ansião, Arganil, Castanheira de Pera, Figueiró dos Vinhos, Góis, Lousã, Mirando do Corvo, Oliveira do Hospital, Pampilhosa da Serra, Pedrogão Grande, Penela, Tábua, Vila Nova de Poiares
CIM do Pinhal Interior Sul	Oleiros, Proença-a-Nova, Sertã, Vila de Rei
CIM do Pinhal Litoral – CIMPL	Batalha, Leiria, Marinha Grande, Pombal, Porto de Mós
CIM do Tâmega e Sousa	Amarante, Baião, Castelo de Paiva, Celorico de Basto, Cinfães, Felgueiras, Lousada, Marco de Canaveses, Paços de Ferreira, Paredes, Penafiel, Resende
CIM Lezíria do Tejo	Almeirim, Alpiarça, Azambuja, Benavente, Cartaxo, Chamusca, Coruche, Golegã, Rio Maior, Salvaterra de Magos, Santarém
CIM Minho Lima	Arcos de Valdevez, Caminha, Melgaço, Monção, Paredes de Coura, Ponte da Barca, Ponte de Lima, Valença, Viana do Castelo, Vila Nova de Cerveira
CIM Região de Aveiro/Baixo Vouga	Águeda, Albergaria-a-Velha, Anadia, Aveiro, Estarreja, Ílhavo, Murtosa, Oliveira do Bairro, Ovar, Sever do Vouga, Vagos

Fonte: ANMP (www.anmp.pt)

Vejamos agora o mapa de Portugal continental, à escala das NUTS III, para verificarmos a existência de algumas discrepâncias entre estas e as fronteiras das CIM existentes:

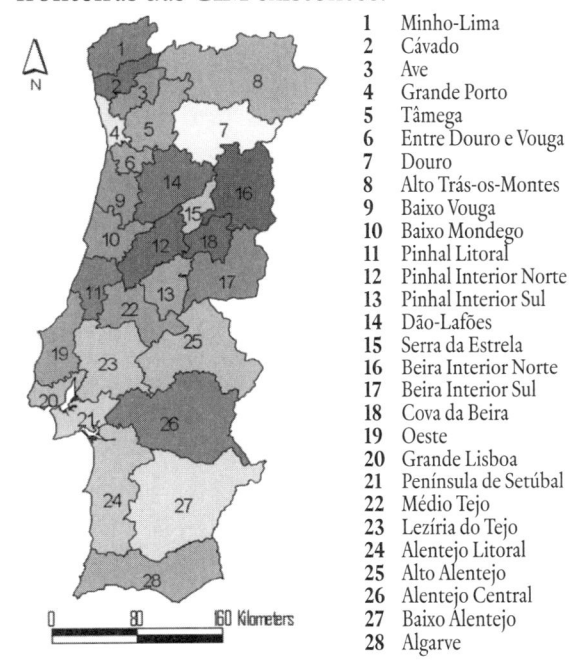

1	Minho-Lima
2	Cávado
3	Ave
4	Grande Porto
5	Tâmega
6	Entre Douro e Vouga
7	Douro
8	Alto Trás-os-Montes
9	Baixo Vouga
10	Baixo Mondego
11	Pinhal Litoral
12	Pinhal Interior Norte
13	Pinhal Interior Sul
14	Dão-Lafões
15	Serra da Estrela
16	Beira Interior Norte
17	Beira Interior Sul
18	Cova da Beira
19	Oeste
20	Grande Lisboa
21	Península de Setúbal
22	Médio Tejo
23	Lezíria do Tejo
24	Alentejo Litoral
25	Alto Alentejo
26	Alentejo Central
27	Baixo Alentejo
28	Algarve

3. A evolução do regime jurídico das finanças locais

O sistema de financiamento das autarquias locais portuguesas manteve-se estruturalmente inalterado desde o primeiro regime jurídico das finanças locais posterior à aprovação da Constituição de 1976, que surge em 1979. A Lei nº 1/79, de 2 de Janeiro (doravante LFL/79) criou um sistema baseado, no essencial, nas transferências do Orçamento do Estado, mantendo estáveis, ao longo de décadas, os critérios de distribuição dos fundos de financiamento de municípios e freguesias. Na verdade, o sistema de financiamento local português caracterizou-se por um certo autismo, escusando-se a absorver princípios que iam ganhando cada vez mais importância no domínio das finanças públicas.

Aquando da discussão parlamentar que antecedeu a aprovação daquele diploma, o debate em torno dos instrumentos de financiamento local revelava um grau de abertura a soluções de equilíbrio financeiro e auto-suficiência financeira das autarquias locais que, infelizmente, se perdeu.

Como analisámos anteriormente[35], da leitura dos Diários da Assembleia da República respectivos, onde se encontram inscritos os diálogos estabelecidos entre os Deputados de então, é possível descortinar:

a) A tentativa de implementação de mecanismos orçamentais plurianuais – *maxime* a fixação quadrienal das transferências do Estado de acordo com os objectivos do Plano;

b) A aproximação a um sistema de personalização dos serviços prestados pelas autarquias locais associando-o, tanto quanto possível, a uma taxa definida em função da utilidade (benefício) mas que poderia comportar uma componente redistributiva, considerando a capacidade económica do utilizador;

c) Um debate de argumentação sólida em torno dos critérios do sistema de participação proporcional nos impostos estaduais.

Assim, a amplitude e interesse do debate foi um logro, face aos resultados plasmados na Lei nº 1/79, de 2 de Janeiro. Ainda que o sistema de financiamento local anterior à Revolução de 1974 introduzisse inúmeros factores de desvios nas decisões financeiras locais, e sendo absolutamente redutor quanto à auto-suficiência municipal e das freguesias.

A LFL/79 atribuiu aos municípios a receita de quatro impostos: i) a contribuição predial rústica e urbana; ii) o imposto sobre veículos; iii) o imposto de turismo; e iv) o imposto para o serviço de incêndios.

Estabeleceu, também, a possibilidade de lançamento de derramas, de cobrança de taxas e contracção de empréstimos, criando o Fundo de Equilíbrio Financeiro (FEF) para repartição de receita e perequação horizontal. Este fundo permitia a concessão aos municípios de uma participação mínima de 18 por cento na receita de diversos impostos estaduais incidentes sobre o rendimento tendo, para proceder à distribuição das verbas transferidas para o FEF, em consideração indicadores representativos da população, área e capitação dos impostos directos cobrados na respectiva área.

---

[35] No nosso *Descentralização...*, ob. cit., págs. 180-182.

Em 1984, o Decreto-Lei nº 98/84, de 29 de Março, operou alterações de pouca monta: aos quatro impostos cuja receita era já entregue aos municípios, juntaram-se o imposto de mais-valias e a taxa municipal de transportes (que nunca foi regulamentada e, consequentemente, nunca foi cobrada). Em 1986, o imposto de turismo foi extinto, ante a criação comunitária do Imposto sobre o Valor Acrescentado (IVA), sendo os municípios compensados através de uma participação de 37,5 por cento nas receitas geradas pelo *IVA turístico*. Por fim, os critérios do FEF foram alterados: gerando inúmeras críticas face à arbitrariedade do novo sistema, uma vez que os mecanismos perequatórios da LFL/79 permitiam a participação das autarquias quer no aumento das receitas do Estado, quer no aumento das despesas, corrigindo-se, assim, a eventualidade de situações conjunturais.

Já a Lei nº 1/87, de 6 de Janeiro, aumentou de forma efectiva a receita gerada pelos impostos locais, ao transferir o produto da cobrança de um imposto anteriormente estadual para o orçamento dos municípios: a SISA. E, uma vez mais, o FEF viu o seu método de cálculo ser alterado, acabando esta nova lei por consagrar uma grande inovação no regime legal do FEF: *a transferência legal obrigatória de inscrever no Orçamento do Estado deixou de ser calculada em percentagem da despesa pública e passou a ser calculada com base na receita do imposto sobre o valor acrescentado, com base numa nova fórmula*[36].

A Lei nº 42/98, de 6 de Agosto, reestruturou profundamente o sistema de subvenções estaduais, mantendo sensivelmente os mesmos impostos na esfera das autarquias, a possibilidade de cobrança de taxas e de endividamento – intermediado e desintermediado –, a par dos mecanismos de cooperação técnica e financeira, instrumento de desvio à lógica trifásica dos fundos municipais de repartição e perequação financeira. O regime estabelecido neste diploma plasmou um esquema, num primeiro momento bipartido e, desde 2001, tripartido, sendo as transferências calculadas com base na totalidade dos impostos do Estado, e sua distribuição efectivada pelo Fundo Geral Municipal (FGM), pelo Fundo de Coesão Municipal (FCM) e pelo Fundo de Base Municipal (FBM).

Todavia, *da intersecção entre a conjuntura, as imposições de contenção apelatórias de alterações estruturais e o chamamento das autarquias ao universo concor-*

---

[36] António Sousa Franco, *Finanças Públicas* ..., ob. cit., pág. 292.

rencial preconizado com especial intensidade pelo projecto da União Económica e Monetária (UEM), nasceu o imperativo de reforma das finanças locais[37]. Surge, assim, a Lei nº 2/2007, de 15 de Janeiro.

4. As finanças locais portuguesas: o estado da arte

4.1. A Reforma de 2006/2007[38]

A Lei nº 2/2007, de 15 de Janeiro[39], introduziu importantes alterações ao sistema de financiamento local *clássico*. Em rigor, este diploma não pode ser considerado senão em conjunto com a Lei nº 53-E/2006, de 29 de Dezembro, que aprova o Regime Geral das Taxas das Autarquias Locais, e com a Lei nº 53-F/2006, de 29 de Dezembro, que aprova o Regime Jurídico do Sector Empresarial Local.

São essencialmente quatro os princípios enformadores deste sistema:

· Princípio da autonomia financeira, que surge reforçado
· Princípio da coesão territorial
· Princípio da solidariedade recíproca
· Princípio do equilíbrio orçamental e regime de endividamento

Vejamos cada um destes aspectos.

---

[37] No nosso "A Reforma dos Sistema de Financiamento Local", *30 Anos de Poder Local na Constituição da República Portuguesa*, Ciclo de Conferências na Universidade do Minho – 2006, Cejur, pág. 30.

[38] Localizamos cronologicamente a reforma das finanças locais entre 2006 e 2007 na medida em que os trabalhos preparativos, incluindo a formação do Grupo de Trabalho de Revisão da Lei das Finanças Locais (criado através do Despacho conjunto nº 810/2005, de 24 de Outubro, do Ministro de Estado e da Administração Interna e do Ministro de Estado e das Finanças, *Diário da República, II Série*, de 24 de Outubro de 2005) e desenvolvimento de estudos preliminares decorreram no ano de 2006, tendo este processo culminado com a publicação em Diário da República do Regime Geral das Taxas das Autarquias Locais e do Regime do Sector Empresarial Municipal (ambos em 29 de Dezembro de 2006) e da Lei das Finanças Locais (em 15 de Janeiro de 2007) – esta após a pronúncia do Tribunal Constitucional, no Acórdão nº 711/2006, Processo nº 1067/06, *Diário da República, 2ª série*, Nº 15, 22 de Janeiro de 2007.

[39] Alterada pela Lei nº 22-A/2007, de 29 de Junho, pela Lei nº 67-A/2007, de 31 de Dezembro, pela Lei nº 3-B/2010, de 28 de Abril e pela Lei nº 55-A/2010, de 31 de Dezembro.

a) Princípio da autonomia financeira

A reforma das finanças locais de 2006/2007 importa um reforço da autonomia financeira municipal, nomeadamente através de três eixos:

i) *Pela diversificação das fontes de receita municipal e alteração do modelo de financiamento misto, que passou de duplo a tríplice*: o peso das transferências orçamentais diminuiu; as receitas tributárias, *maxime* as taxas, conhecem novas regras de criação indutoras de autonomia; e surgiu a partilha de receitas de Imposto sobre o Rendimento das Pessoas Singulares (IRS).

A *gestão de uma parcela variável de 5 por cento sobre a colecta de IRS gerada no município* distingue-se do sistema de subvenções ou transferências orçamentais: estas são uma transferência geral de recursos para os municípios (no caso, um montante geral correspondente a 23,5 por cento da média aritmética simples da receita de IRS, do Imposto sobre o Rendimento das Pessoas Colectivas (IRC) e do IVA), enquanto a participação directa na colecta do IRS é uma «variável concreta» – a colecta é gerada em cada município –, a proporção está predeterminada e permite, até, o exercício de uma autonomia financeira mais plena: a decisão do *quantum* percentual, de 0 a 5 por cento, que constituirá receita municipal ou uma dedução à colecta do munícipe, é uma decisão financeira integralmente assumida pelo município[40].

---

[40] A gestão desta parcela variável de 5 por cento sobre a colecta de IRS gerada no município veio permitir a definição de políticas fiscais municipais e abrir portas à competição fiscal intermunicipal. Relembremos a *Teoria Pura da Despesa Local* Tiebout e as suas conclusões relativamente ao comportamento dos consumidores-votantes, que seleccionariam a sua área de residência comparando os diferentes cabazes de impostos e bens colectivos locais oferecidos em cada circunscrição territorial, «votando com os pés» ("A pure Theory of local expenditure", *Journal of Political Economy*, Vol. 64, 1956, pág. 416 e segs). A esta importante doutrina voltaremos adiante, mas apesar de os consumidores-votantes portugueses não disporem de mobilidade perfeita para responderem negativa ou positivamente às políticas locais de tributação e previsão de bens públicos, os ensinamentos de Tiebout e do corpo teórico conhecido como *federalismo fiscal* têm, entre nós, campo de aplicação e foram fonte de inspiração da reforma de 2006/2007. A introdução de medidas como a parcela variável de participação municipal na colecta concelhia de IRS representou um reforço da autonomia financeira municipal, sendo de igual modo garante dos direitos dos munícipes e da eficiência das decisões políticas e financeiras de realização de despesa. Isto porque a proximidade entre a cobrança da receita

ii) Pela ampliação dos poderes tributários dos municípios:
Na concessão de isenções fiscais em sede de impostos municipais, maxime o Imposto Municipal sobre Imóveis (IMI) e o Imposto Municipal sobre as Transmissões Onerosas de Imóveis (IMT);
Através da possibilidade legal de exercício dos poderes de liquidação e cobrança dos impostos municipais pelas áreas metropolitanas e associações de municípios à escala das NUT's III[41].

iii) Através da criação do Fundo Social Municipal (FSM): a criação deste fundo prende-se de modo íntimo com uma alteração de paradigma na realidade municipal, bem como com a intenção do legislador de potenciar a descentralização eficiente de competências para os municípios.

O FSM destina-se exclusivamente ao financiamento de competências transferidas da administração central para a administração local municipal nas áreas da educação, saúde e acção social. Deste modo, os municípios passaram a prestar serviços públicos essenciais aos seus munícipes, promovendo a igualdade de acesso, em proximidade, a esses mesmos serviços.

De facto, o *driver* de custos preponderantemente considerado passou a ser a população, e já não o território. Este correspondeu à realidade municipal das últimas décadas: o poder local foi chamado à tarefa essencial de infra-estruturar o território com equipamentos e redes, com meios necessários à dinâmica de funcionamento dos serviços e instituições, fundamentais para a consolidação do poder local e para a modernização do país.

---

e a realização da despesa, por um lado, e os contribuintes, por outro, facilita o controlo por parte do consumidor-votante e faz depender a dimensão dos orçamentos da capacidade municipal de atractividade para os cidadãos, promovendo assim a competição intermunicipal de modo eficiente.

[41] Esta possibilidade carece de regulamentação. O Orçamento do Estado para 2007 oferecia uma projecção prática imediata a esta novidade legal, afastando-a portanto de um carácter meramente enunciativo ou programático. Disponha o nº 2, do artigo 24º daquela Lei: *Durante o ano de 2007, fica o Governo autorizado a legislar no sentido de regulamentar os poderes tributários dos municípios, relativamente aos impostos cuja receita tenham direito, nos termos previstos na Lei das Finanças Locais.*
Todavia, tal regulamentação ainda não surgiu, eliminando o efeito inovador desta previsão contemplada na LFL.

Assim, o sistema financeiro local saído da reforma de 2006/2007 assume que ao município infra-estuturador sucede o município prestador. O FSM, destinado exclusivamente ao financiamento de um conjunto de despesas elegíveis, catalogadas no nº 2, do artigo 24º da LFL, nas áreas da educação, saúde e acção social, apresenta-se como um instrumento de descentralização com o objectivo de promover o acesso em igualdade de circunstâncias a estes bens públicos, o que explica a sua natureza consignada. Também no âmbito do Fundo Geral Municipal (FGM), a principal base de distribuição foi deslocada para o critério população, o que importou a correlativa diminuição do peso do critério território. Acresceu a esta dicotomia de *drivers* de custos população/ /território, a reponderação do peso ou mesmo a introdução *ex novo* de valores essenciais ao desenvolvimento sustentável, local e nacional: 5 por cento do FGM é distribuído na razão directa da área do território municipal afecto à *Rede Natura 2000* e da área protegida. No caso dos municípios com mais de 70% do seu território afecto à *Rede Natura 2000* e de área protegida, aquele percentual sobe para 10 por cento[42].

b) Princípio da coesão territorial

Esta valorização do principal *driver* de custos municipal – a população – não revelou, no entanto, uma insensibilidade ao princípio constitucional da correcção de assimetrias e coesão territorial.

A prestação de serviços educacionais, de saúde e de acção social, de forma universal e na esfera de proximidade – a mais eficiente e promotora da igualdade de acesso a estes serviços públicos – surgiu como um contributo para a melhoria dos índices de desenvolvimento local.

Por outro lado, o Fundo de Coesão Municipal (FCM) foi profundamente revisto nos seus critérios e dinâmica de execução. Os seus mecanismos perequatórios de coesão passaram a funcionar em articulação com a capitação municipal de impostos locais. Ou seja o montante de

---

[42] Com a correlativa diminuição do valor percentual a distribuir na razão directa da área ponderada por um factor de amplitude altimétrica do município, que será de 25 por cento, no primeiro caso, e de 20 por cento, no segundo.

receita de Imposto Municipal sobre Imóveis (IMI), Imposto Municipal sobre as Transacções Onerosas de Imóveis (IMT), Imposto automóvel[43] e da parcela de IRS que cada município tem por habitante, *per capita*. Sendo decisiva a posição de cada município comparada a sua capitação com a capitação média nacional daqueles impostos. Assim:

- Os municípios com uma capitação de impostos locais igual ou superior a 1.25 vezes a capitação média nacional passaram a ser contribuintes líquidos para o FCM;
- Os municípios com uma capitação impostos locais inferior a 0.75 vezes a capitação média nacional passaram a ser beneficiários do FCM.

Além da intensificação do sistema de perequação solidária intermunicipal, a reforma de 2006/2007 implicou um reforço das transferências através do FCM: se anteriormente, à luz das previsões da LFL/98, apenas 18 por cento do FEF era canalizado para o FCM, com a lei de 2007 esta percentagem aumenta para cerca de 50 por cento.

c) Princípio da solidariedade recíproca

Os critérios de distribuição do FEF, para além das alterações que já aqui apontámos, conheceram outras no sentido do seu ajustamento ao ciclo económico, assumindo as transferências do Orçamento do Estado um sentido ascendente ou descendente na razão directa das receitas fiscais nacionais apuradas. Ou seja, verificou-se uma associação ao crescimento ou decréscimo da receita nacional, na partilha de recursos com o Estado.

Esta associação é, todavia, balizada no seu impacto directo nos orçamentos municipais do seguinte modo:

- Os municípios com capitação de impostos locais superior a 1.25 vezes a média nacional não podem sofrer variações negativas superiores a 5 por cento na sua partilha de recursos com o Estado (FEF, FSM e participação no IRS), face ao percebido no ano anterior;

---

[43] O Imposto Municipal sobre Veículos (IMV) foi abolido aquando da criação do Imposto Único de Circulação. Contudo, estatui o art. 3º da Lei nº 22-A/2007, de 29 de Junho, uma parte significativa deste imposto continua a reverter para os municípios.

- Os municípios com capitação de impostos locais inferior a 1.25 vezes a média nacional só podem descer até 2,5 por cento daquilo que foi a sua participação nos recursos públicos no ano anterior;
- Foi plasmado um limite máximo de crescimento de 5 por cento aplicável a todos os municípios. Aqueles que cresçam mais do que 5 por cento vêm esses ganhos serem aplicados na garantia do cumprimento das variações máximas negativas dos demais municípios.

d) Princípio do equilíbrio e regime de endividamento

A reforma de 2006/2007 introduziu regras relativas ao endividamento de natureza inovatória. Propôs-se um novo conceito e um novo limite ao endividamento municipal.

O conceito de endividamento é consonante com as regras do Sistema Europeu de Contas Regionais e Nacionais (SEC 95), e resulta da relação entre activos e passivos, financeiros e comerciais. É, também, um conceito *pós-clássico*, na medida em que são consideradas todas as operações configuráveis como dívida, e não apenas os clássicos empréstimos[44].

Os limites ao endividamento municipal decompõem-se da seguinte forma:

- *Um limite global ao endividamento líquido municipal* = 125 por cento das receitas mais importantes do município relativas ao ano anterior (FEF, participação no IRS, impostos municipais, derrama, lucros das empresas municipais). Neste limite inclui-se qualquer tipo de dívida e operações de crédito: empréstimos, dívidas a fornecedores, cessão de créditos, *leasings*, etc.
- *Um limite ao endividamento através de empréstimos de médio e longo prazo* =100 por cento das mesmas receitas. Este segundo limite incluí-se no perímetro do primeiro:

[44] Sobre este importantíssimo aspecto, *vide* o nosso "O conceito de endividamento líquido municipal compatível com o SEC 95: interpretação do art. 36º, nº 1, da Lei das Finanças Locais", *Direito Regional e Local*, nº 1, Janeiro/Março 2008, Cejur, págs. 38-40.

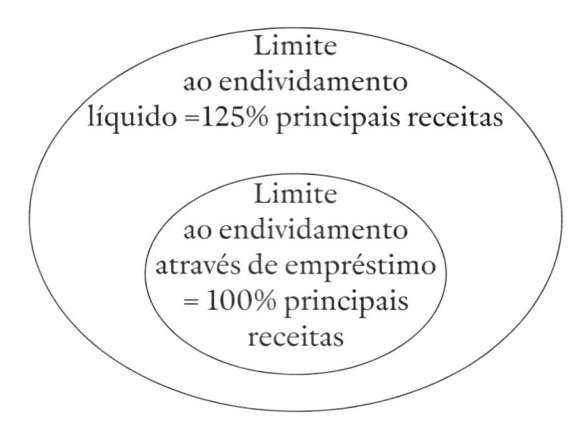

Foram, no entanto, consagradas excepções:

- Quanto a passivos passados, não são contabilizados para o cálculo do limite ao endividamento através de empréstimos todos aqueles que nos anos anteriores foram contraídos ao abrigo de regras que os excepcionavam legalmente dos limites ao endividamento dos municípios (ex: EURO 2004; Programas Especiais de Realojamento – PER; calamidades; incêndios; fundos comunitários; etc.)[45]. Naturalmente, ao não serem contabilizados para efeitos do limite de endividamento através de empréstimos, excluem-se também da contabilidade nos termos do limite global de 125 por cento, já que aquele se encontra contido neste.
- Para o futuro, foram excepcionados os empréstimos para financiamento de programas de reabilitação urbana ou destinado exclusivamente ao financiamento de projectos co-financiados por fundos comunitários – regra que também se aplica aos municípios que ultrapassem o seu limite de endividamento.

O incumprimento destas regras relativas aos limites de endividamento importa, naturalmente, sanções:

- A obrigação de redução anual em 10 por cento da dívida que está acima do limite ao endividamento;

[45] De igual modo, foram excluídos do limite ao endividamento líquido municipal as dívidas dos municípios a empresas concessionárias do serviço de distribuição de energia eléctrica em baixa tensão, consolidadas até 31 de Dezembro de 1988.

- Uma penalização nas transferências do ano seguinte dos municípios que ultrapassam o limite, no exacto montante desse *excesso*.

4.2. O estado da arte

A situação económica do país conduziu, na prática, a uma *suspensão* de muitos dos mecanismos que enunciamos no subcapítulo anterior. Desde 2009, as sucessivas leis do Orçamento do Estado têm *neutralizado* uma componente substantiva das alterações introduzidas no sistema de financiamento local pela LFL. Veja-se, a título de exemplo, o disposto no art. 46º da Lei nº 55-A/2010, de 31 de Dezembro, que consagra o Orçamento do Estado para 2011, no que respeita aos Fundos Municipais e sua distribuição. De igual modo, o art. 53º daquele diploma, relativamente ao endividamento líquido dos municípios em 2011.

De facto, em 2009, *verificou-se nova subida do volume da despesa pública para 51% do PIB, disparando o défice orçamental para 9,4% do PIB. Esta situação de défice excessivo é fruto de um aumento de despesa (sobretudo das prestações sociais, subsídios, outras despesas correntes e despesas de capital), agravado por uma redução da receita fiscal (gerada por um abrandamento económico), pela necessidade e implementação de medidas para a estabilização do sistema financeiro e também pela necessidade de aquisição líquida de activos financeiros. A consequência deste desfasamento de números entre receita e despesa gerou uma dívida que ascende aos 76,8% do PIB. Note-se que Portugal acompanha o movimento de mais de 12 Estados Europeus, no que toca a uma situação de dívida pública acima do valor de referência dos 60% (...) Em 2010, o défice na execução orçamental baixou para os 6,8% do PIB, embora ajustamentos na metodologia do Eurostat tenham feito com que o défice ascendesse aos 8,6% do PIB e a dívida ascendesse a 92,4% do PIB*[46].

Neste cenário, o subsector das autarquias locais não poderia deixar de se ver envolvido. A jusante e a montante. Ora, veja-se, por exemplo, que em 2009 *o valor das amortizações foi de 460 milhões de euros (+ 107 milhões de euros do que em 2008) enquanto o recurso a novos empréstimos foi de 965 milhões de euros (+436,5 milhões de euros que em 2008). O sector autárquico, neste ano, contribuiu para o deficit público com, pelo menos, 505 milhões de euros*[47].

---

[46] Maria d'Oliveira Martins, *Lições de Finanças Públicas e Direito Financeiro*, Almedina, 2011, págs. 121-122.

[47] João Carvalho, Maria José Fernandes, Pedro Camões e Susana Jorge, *Anuário Financeiro dos Municípios Portugueses 2009*, Ordem dos Técnicos Oficiais de Contas, 2011, pág. 111.

Convocados ao esforço de consolidação das contas públicas, *o estado da arte* não será brilhante. Vejamos.

Peso das Despesas Públicas Autárquicas – 2009

Despesas Subsector	Corrente	Capital	Total
Administração central	49.670,6 M€	4.955,0 M€	54.625,6 M€
Administração Local	7.999,1 M€ **10,3%**	3.021,5 M€ **46,6%**	11.012,7 M€ **13,1%**
Total SPA	**77.049,9**	**6.481,4**	**83.531,3**

Fonte: *Anuário Financeiro dos Municípios Portugueses 2009* – Quadro 1.03

Vejamos dois indicadores preciosos para a observação derradeira do *estado da arte* das nossas finanças locais municipais: a independência financeira, relacionando as receitas próprias com as receitas totais, e o *ranking* de eficiência financeira municipal[48].

Os 20 Municípios que apresentam maior Independência Financeira

	Município	Dimensão	2006	2007	2008	2009
1	Oeiras	Grande	79%	81%	75%	81%
2	Lagoa (Algarve)	Médio	76%	80%	82%	79%
3	Mafra	Médio	72%	82%	76%	76%
4	Setúbal	Grande	70%	74%	77%	75%
5	Seixal	Grande	79%	82%	70%	73%
6	Sesimbra	Médio	82%	85%	81%	73%
7	Porto	Grande	77%	78%	79%	72%
8	Lisboa	Grande	87%	87%	86%	72%
9	Almada	Grande	73%	77%	72%	71%
10	Cascais	Grande	79%	80%	80%	70%
11	Albufeira	Médio	86%	85%	86%	70%
12	Lagos	Médio	75%	78%	83%	68%

[48] Para efeitos de realização deste anuário, os autores agruparam os municípios portugueses em três categorias *tendo em atenção a sua dimensão quanto ao número de habitantes: pequenos – com população menor ou igual a 20 000 habitantes; médios – com população maior que 20 000 habitantes e menor ou igual a 100 000 habitantes; grandes – com população maior do que 100 000 habitantes* (pág. 19).

13	Loulé	Médio	75%	86%	82%	67%
14	Funchal	Médio	63%	59%	62%	67%
15	Ovar	Médio	58%	60%	55%	65%
16	Odivelas	Grande	68%	69%	65%	64%
17	Marinha Grande	Médio	66%	66%	58%	64%
18	Vila Franca de Xira	Grande	64%	68%	63%	63%
19	Barreiro	Médio	63%	66%	57%	63%
20	Coimbra	Grande	68%	61%	66%	62%

Fonte: *Anuário dos Municípios Portugueses 2009*

Os 20 Municípios que apresentam menor Independência Financeira

	Municípios	**Dimensão**	**2006**	**2007**	**2008**	**2009**
1	Corvo	Pequeno	4%	4,6%	4,8%	3,8%
2	Nordeste	Pequeno	18,5%	4,7%	5,3%	4,4%
3	Barrancos	Pequeno	6,8%	5,9%	6,3%	4,8%
4	Lajes das Flores	Pequeno	5,9%	5,2%	9,5%	5%
5	Calheta (R.A.A.)	Pequeno	9,4%	7,8%	12,3%	5,8%
6	Mourão	Pequeno	13,4%	22,7%	13,9%	6,5%
7	Freixo de Espada à Cinta	Pequeno	11,7%	18,1%	8,9%	6,7%
8	Vimioso	Pequeno	5,6%	6%	6,2%	7,1%
9	Santana	Pequeno	7,3%	7,5%	13,1%	7,3%
10	Alfândega da Fé	Pequeno	11,8%	11,3%	10,7%	7,8%
11	Pampilhosa da Serra	Pequeno	10%	11,8%	15,9%	8%
12	São Vicente	Pequeno	5,6%	8,2%	6,9%	8,1%
13	Meda	Pequeno	11,9%	11,9%	10,9%	8,3%
14	São Roque do Pico	Pequeno	9%	15,4%	13,6%	8,6%
15	Monforte	Pequeno	10%	11,9%	10,9%	8,9%
16	Tabuaço	Pequeno	10,1%	10,3%	10,1%	8,9%
17	Mértola	Pequeno	11,6%	11,7%	10,6%	8,9%
18	Carrazeda de Ansiães	Pequeno	11,2%	16,5%	13,5%	9,2%
19	Porto Moniz	Pequeno	6,2%	8,3%	10,1%	9,4%
20	Alcoutim	Pequeno	14,4%	13,2%	7,6%	9,8%

Fonte: *Anuário Financeiro dos Municípios Portugueses 2009*

Quanto ao *ranking* global de eficiência financeira, os indicadores seleccionados para a sua elaboração prendem-se com:

1. As dívidas a terceiros (dívidas totais a pagar/ número de habitantes);
2. A liquidez (dívidas totais a pagar a curto prazo e dívidas a receber a curto prazo + disponibilidades);
3. O endividamento líquido por habitante (dívidas totais a pagar – dívidas a receber + disponibilidades) / resultado operacional por habitante (resultado operacional de 2009/número de habitantes);
4. O peso dos custos com pessoal nos custos operacionais (custos com pessoal/custos operacionais);
5. A diminuição das dívidas de curto prazo (dívidas de curto prazo em 2009 – dívidas de curto prazo em 2008);
6. A diminuição dos passivos financeiros (dívidas a instituições de crédito em 2009 – dívidas a instituições de crédito em 2008);
7. O grau de execução da receita liquidada relativamente às despesas comprometidas (receitas líquida – receitas anuladas/despesas comprometidas);
8. O prazo médio de pagamentos;
9. O saldo primário na óptica dos compromissos ([receita total – activos financeiros (receita) – passivos financeiros (receita)] – [despesa total – activos financeiros (despesa) – passivos financeiros (despesa)] + [juros e outros encargos (despesa)]);
10. O índice de endividamento líquido (dívidas totais a receber – [dívidas + disponibilidades] / receitas cobradas n1 [impostos directos + transferências obtidas]);
11. A diminuição do endividamento líquido (endividamento líquido em 2008 – endividamento líquido em 2007);
12. O peso das dívidas a instituições de crédito nas receitas cobradas n1 (dívidas a instituições de crédito / receitas cobradas n1);
13. O peso das dívidas a fornecedores nas receitas n1 (dívidas a fornecedores de curto, médio e longo prazos / receitas cobradas n1)
14. E o grau de execução da receita cobrada relativamente à despesa paga (receita cobrada / despesa paga [exercício + exercícios anteriores]).

De acordo com estes indicadores e seu rácio, e partindo de uma amostra que envolve as 10 melhores pontuações dos municípios de grande dimensão, as 10 melhores pontuações dos municípios de média dimensão e os 10 melhores resultados dos municípios de pequena dimensão, é este o *estado da arte* das finanças dos nossos municípios:

	Municípios	Distrito	Dimensão	Pontuação
1	Castelo Branco	Castelo Branco	Médio	196
2	Pampilhosa da Serra	Coimbra	Pequeno	187
3	Penedono	Viseu	Pequeno	186
4	Anadia	Castelo Branco	Médio	184
5	Ovar	Aveiro	Médio	182
6	Alvito	Beja	Pequeno	174
7	Marvão	Portalegre	Pequeno	174
8	Murtosa	Aveiro	Pequeno	174
9	Sernancelhe	Viseu	Pequeno	174
10	Vila do Porto	Açores	Pequeno	173
11	Viana do Alentejo	Évora	Pequeno	172
12	Santa Cruz das Flores	Açores	Pequeno	170
13	São Roque do Pico	Açores	Pequeno	170
14	Mafra	Lisboa	Médio	167
15	Elvas	Portalegre	Médio	158
16	Porto	Porto	Grande	157
17	Oliveira do Hospital	Coimbra	Médio	153
18	Benavente	Santarém	Médio	152
19	Mealhada	Coimbra	Médio	151
20	Vila Franca de Xira	Lisboa	Grande	147
20	Almeirim	Santarém	Médio	147
20	Pombal	Leiria	Médio	147

Fonte: *Anuário Financeiro dos Municípios Portugueses 2009*

Uma análise relativa às *performances* dos municípios da amostra que atenda às suas dimensões permite-nos concluir que não há uma correlação entre a independência financeira municipal e a qualidade da sua prestação financeira global. Estes indicadores indiciam duas realidades: que os municípios de grande dimensão têm um nível de endividamento elevado, despesas de volumetria significativa, parca liquidez e custos operacionais significativos; já os municípios de pequena dimensão, com menor capacidade de atracção de crédito e menos possibilidades legais de se endividarem, e ante a maior dependência das transferências orçamentais *ex vi* o esforço financeiro orçamental de coesão, parecem dar corpo à máxima *fazer mais com menos*.

De todo o modo, este *ranking* permite-nos apurar desde já que a escala dos municípios não se configura, de forma alguma, como um *óptimo financeiro*, e que o *estado da arte* das finanças municipais portuguesas é de enorme irracionalidade económica e administrativa.

5. A adaptação da Lei das Finanças Locais às alterações ao regime legal de enquadramento orçamental

Estabelece o ponto 3.14. do ME que o Governo deve apresentar uma proposta de lei de alteração à LFL até ao final de 2011, no sentido de adaptar integralmente a legislação financeira local aos princípios e regras orçamentais consagradas na nova Lei de Enquadramento Orçamental (doravante LEO), nomeadamente no que respeita:

a) À inclusão de todas as entidades públicas relevantes no perímetro do governo local;
b) À previsão plurianual de despesas;
c) Ao equilíbrio orçamental/regras de endividamento;
d) Ao orçamento por programas;
e) À interacção com o Conselho das Finanças Públicas.

De facto, estatui o nº 6 do art. 2º da LEO, tal como alterada pela Lei nº 22/2011, de 20 de Maio: *sem prejuízo do princípio da independência orçamental estabelecido no nº 2 do artigo 5º, são aplicáveis aos orçamentos dos subsectores regional e local os princípios e as regras contidos no título II, bem como, com as devidas adaptações, o disposto no artigo 17º, devendo as respectivas leis de enquadramento conter as normas adequadas ao efeito.*

Ora, entendemos – e parece ser este o entendimento da *troika* – que a sede ideal para o enquadramento orçamental local é a LFL. Que, actualmente, é escassa no preceituado relativo a esta matéria, bastando-se com

(i) uma remissão enunciativa plasmada no art. 4º, que dispõe que *os municípios e as freguesias estão sujeitos às normas consagradas na Lei de Enquadramento Orçamental e aos princípios e regras orçamentais e de estabilidade orçamental*, dispondo em seguida sobre as excepções ao princípio da não consignação, sobre o princípio da equidade integeracional, da estabilidade orçamental, da solidariedade recíproca e da transparência orçamental; (ii) com a previsão de coordenação das finanças locais com as finanças estaduais, contemplada no art. 5º, nº 1 e tendo *especialmente em conta o desenvolvimento equilibrado do País e a necessidade de atingir os objectivos e as metas orçamentais traçados no âmbito de políticas de convergência a que Portugal se tenha vinculado no seio da União Europeia;* e (iii) com o título IV, dedicado às regras de endividamento autárquico, que já enunciámos.

Observemos então os princípios e regras consagrados na LEO que são aplicáveis aos orçamentos municipais (e também das freguesias) *ex vi* o já citado nº 6 do art. 2º daquela Lei, e as nossas propostas de adaptação da LFL a tal preceituado:

Princípios previstos na LEO	Enunciado	Concretização na LEO	Proposta de adaptação da LFL à LEO Título Relativo ao Enquadramento Orçamental Local
Princípio da Independência Orçamental Art. 5º, nº 2	*2 – Os orçamentos das regiões autónomas e das autarquias locais são independentes do Orçamento do Estado (...)*	Art. 2º, nº 6	*Independência orçamental* 1 – Os orçamentos das autarquias locais são independentes do Orçamento do Estado, sem prejuízo dos princípios da estabilidade orçamental e da solidariedade recíproca. 2 – Sem prejuízo da independência orçamental prevista no número anterior, aos orçamentos das autarquias locais é aplicável, a título subsidiário, a Lei de Enquadramento Orçamental.

Princípio da Anualidade *Art. 4º, nº 1*	*Os orçamentos dos organismos do sector público administrativo são anuais.*		*Anualidade* O orçamento das autarquias locais é anual, coincidindo o ano económico com o ano civil, sem prejuízo do disposto no artigo seguinte.
Princípio da Plurianualidade *Art. 4º, nº 2*	*A elaboração dos orçamentos é enquadrada num quadro plurianual de programação orçamental, que tem em conta os princípios estabelecidos na presente lei e as obrigações referidas no art. 17º.*	Art. 5º, nº 3 Art. 12º-D Art. 17º	*Quadro Plurianual de Programação Orçamental* 1 – A elaboração do orçamento é enquadrada num quadro plurianual de programação orçamental, que tem em conta os princípios de enquadramento orçamental. 2 – O orçamentos das autarquias locais são elaborados, aprovados e executados por forma que: a) Contenham as dotações necessárias para a realização das despesas obrigatórias de financiamento da autarquia, estabelecendo a variação máxima do endividamento líquido global directo respectivo; b) Respeitem as obrigações decorrentes do Tratado da União Europeia; c) Tenham em conta as grandes opções em matéria de planeamento e a programação financeira plurianual elaborada pelo Executivo. 3 – O Executivo apresenta ao órgão deliberativo uma proposta de quadro plurianual de

		programação orçamental, que deve ser apresentado e debatido simultaneamente com a primeira proposta de Orçamento apresentada após a posse do novo Executivo. 4 – O quadro plurianual de programação orçamental é actualizado anualmente, para os quatro anos seguintes, no Orçamento da autarquia. 5 – O quadro plurianual de programação orçamental define os limites da despesa da autarquia financiada por receitas gerais. 6 – O quadro plurianual de programação orçamental define ainda os limites de despesa para cada programa orçamental, para cada agrupamento de programas e para o conjunto de todos os programas, os quais são vinculativos, respectivamente, para o primeiro, para o segundo e para os terceiro e quarto anos económicos seguintes. 7 – Os saldos apurados em cada ano nos programas orçamentais e o respectivo financiamento, nomeadamente autorizações de endividamento, podem transitar para os anos seguintes, nos termos da lei.

Princípios da Unidade e Universalidade Art. 5º, nº 1	*O Orçamento do Estado é unitário e compreende todas as receitas e despesas dos serviços integrados, dos serviços e fundos autónomos e do sistema de segurança social.*		*Unidade e Universalidade* 1 – O Orçamento dos municípios é unitário e compreende todas as receitas e despesas dos serviços integrados, dos serviços e fundos autónomos, das entidades integrantes do respectivo sector empresarial local, das associações de direito público e privado em que participe, bem como de todas as entidades públicas consideradas relevantes no perímetro do governo municipal, e aquelas decorrentes de parcerias público-privadas locais. 2 – O orçamento das freguesias é unitário e compreende todas as receitas e despesas da freguesia, bem como de todas as entidades públicas consideradas relevantes no perímetro do governo da freguesia.
Princípio da Não Compensação Art. 6º, nº 1	*Todas as receitas são previstas pela importância integral em que foram avaliadas, sem dedução alguma para encargos ou cobrança ou de qualquer outra natureza.*		*Não compensação,* *Não consignação e Especificação* 1 – Todas as receitas são previstas pela importância integral em que foram avaliadas, sem dedução alguma para encargos ou cobrança ou de qualquer outra natureza, nos termos da lei. 2 – Não pode afectar-se o produto de quaisquer receitas à cobertura de determinadas despesas.

			3 – Exceptuam-se do disposto no artigo anterior: a) As receitas provenientes de fundos comunitários; b) As receitas provenientes do Fundo Social Municipal; c) As receitas dos preços referidos no nº 3 do artigo 16º; d) As receitas provenientes de empréstimos a médio e longo prazo para aplicação em investimentos; e) As receitas provenientes da cooperação técnica e financeira; f) Outras receitas previstas na lei. 4 – As receitas previstas devem ser suficientemente especificadas de acordo com uma classificação económica, e as despesas são fixadas de acordo com uma classificação orgânica, económica e funcional, podendo os níveis mais desagregados de especificação constar apenas de desenvolvimentos, nos termos da lei.
Princípio da Não consignação Art. 7º, nº 1	*Não pode afectar-se o produto de quaisquer receitas à cobertura de determinadas despesas*	Art. 7º, nº 2	*Idem*
Princípio da Especificação Art. 8º, nºs 1/2	*1 – As receitas previstas devem ser suficientemente especificadas de*	Art. 8º, nºs 3-7	*Idem*

	acordo com uma classificação económica. *2 – As despesas são fixadas de acordo com uma classificação orgânica, económica e funcional, podendo os níveis mais desagregados de especificação constar apenas dos desenvolvimentos, nos termos da presente lei.*		
Princípio da Orçamentação por programas Art. 8, nº 3	*3 – As despesas são ainda estruturadas por programas.*	Art. 18º Art. 19º Art. 20º Art. 21º	*Orçamento por programas* 1 – Sem prejuízo da sua especificação, as despesas inscritas nos orçamentos das autarquias locais estruturam-se por programas. 2 – O programa orçamental inclui as despesas correspondentes a um conjunto de medidas que concorrem, de forma articulada e complementar, para a concretização de um ou vários objectivos específicos, relativos a uma ou mais políticas públicas locais, dele fazendo necessariamente parte integrante um conjunto de indicadores que permitam avaliar a economia, a eficiência e a eficácia da sua realização. 3 – A avaliação da economia, da eficiência e da eficácia de

			programas com recursos a parcerias do subsector local e do sector privado tomará como base um programa alternativo visando a obtenção dos mesmos objectivos com exclusão de financiamentos ou de exploração a cargo de entidades privadas, devendo incluir, sempre que possível, a estimativa da sua incidência orçamental líquida. 4 – O Executivo define agrupamentos de programas de acordo com as respectivas áreas de actuação. 5 – Cada programa orçamental divide-se em medidas, podendo existir programas com uma única medida, nos termos da lei. 6 – Os programas orçamentais com financiamento europeu devem identificar os programas da UE que lhes estão associados.
Princípio do Equilíbrio ***Art. 9º, nº 1***	*1 – Os orçamentos dos organismos do sector público administrativo prevêem as receitas necessárias para cobrir todas as despesas (...)*	Art. 9º, nºs 2-5 Art. 23º Art. 25º Art. 28º	*Equilíbrio* 1 – Os orçamentos das autarquias locais prevêem as receitas necessárias para cobrir todas as despesas. 2 – Os serviços integrados têm de apresentar um saldo primário positivo. 3 – O orçamento de cada serviço ou fundo autónomo é ela-

			borado, aprovado e executado por forma a apresentar saldo global nulo ou positivo. 4 – Para efeitos do cômputo do saldo referido no número anterior, não são consideradas receitas provenientes de activos e passivos financeiros, bem como do saldo da gerência anterior, nem as despesas relativas a activos e passivos financeiros.
Princípio da Equidade Intergeracional Art. 10º	*O Orçamento do Estado subordina-se ao princípio da equidade na distribuição de benefícios e custos entre gerações.*	Art. 10º, nº 2	*Equidade intergeracional* 1 – Os orçamentos das autarquias locais subordinam-se ao princípio da equidade na distribuição de benefícios e custos entre gerações. 2 – A apreciação da equidade intergeracional incluirá necessariamente a incidência orçamental: a) Das medidas e acções incluídas no quadro plurianual de programação orçamental; b) Do investimento em capacitação humana co-financiado pela autarquia local; c) Dos encargos com passivos financeiros; d) Das necessidades de financiamento do sector empresarial local, bem como das associações de municípios; e) Dos encargos vencidos e não liquidados a fornecedores.

Princípio da Estabilidade Orçamental **Art. 10º-A**	*1 – Os subsectores que constituem o sector público administrativo, bem como os organismos e entidades que os integram, estão sujeitos, na aprovação e execução dos seus orçamentos, ao princípio da estabilidade orçamental. 2 – A estabilidade orçamental consiste numa situação de equilíbrio ou excedente orçamental, calculada de acordo com a definição constante do Sistema Europeu de Contas Nacionais e Regionais, nas condições estabelecidas para cada um dos sectores.*	Art. 12º-I Arts. 82º a 89º	*Estabilidade orçamental* 1 – As autarquias locais estão sujeitas, na elaboração e execução dos seus orçamentos, ao princípio da estabilidade orçamental. 2 – A estabilidade orçamental consiste numa situação de equilíbrio ou excedente orçamental, calculada de acordo com a definição constante do Sistema Europeu de Contas Nacionais e Regionais, nas condições estabelecidas para o subsector autárquico. 3 – A aprovação e execução dos orçamentos das autarquias locais são obrigatoriamente efectuados de acordo com as medidas de estabilidade orçamental a inserir na lei do Orçamento, em cumprimento dos objectivos devidamente identificados para o subsector local, para cumprimento do Programa de Estabilidade e Crescimento. 4 – A lei do Orçamento estabelece limites específicos de endividamento anual das autarquias locais, compatíveis com o saldo orçamental calculado para o conjunto do sector público administrativo. 5 – Os limites de endividamento a que se refere o número anterior podem ser

inferiores aos que resultariam da aplicação das regras previstas no presente diploma.

6 – O aumento do endividamento em violação dos números anteriores, bem como das regras prevista no presente diploma, origina uma redução das transferências do Orçamento do Estado devidas nos anos subsequentes, no mesmo montante do aumento do endividamento líquido, o qual é afecto ao Fundo de Regularização Municipal.

7 – A lei do Orçamento pode determinar transferências do Orçamento do Estado de montante inferior àquele que resultaria da aplicação dos mecanismos previstos no presente diploma.

8 – A possibilidade prevista no número anterior depende sempre da verificação de circunstâncias excepcionais imperiosamente exigidas pela rigorosa observância das obrigações decorrentes do Programa de Estabilidade e Crescimento e dos princípios da proporcionalidade, não arbítrio e solidariedade recíproca e carece de audição prévia dos órgãos locais competentes.

Princípio da Solidariedade Recíproca Art. 10º-B	*1 – A aprovação e a execução dos orçamentos dos subsectores a que se refere o nº 1 do artigo anterior estão sujeitas ao princípio da solidariedade recíproca. 2 – O princípio da solidariedade recíproca obriga todos os subsectores, através dos seus organismos, a contribuírem proporcionalmente para a realização do princípio da estabilidade orçamental, de modo a evitar situações de desigualdade. 3 – As medidas que venham a ser implementadas no âmbito do presente artigo devem constar da síntese de execução orçamental do mês a que respeitam.*		*Solidariedade Recíproca* 1 – A aprovação e a execução dos orçamentos das autarquias locais estão sujeitas ao princípio da solidariedade recíproca. 2 – O princípio da solidariedade recíproca obriga as autarquias locais, através dos seus organismos, a contribuírem proporcionalmente para a realização do princípio da estabilidade orçamental, de modo a evitar situações de desigualdade.
Princípio da Transparência Orçamental Art. 10º-C	*1 – A aprovação e a execução orçamentais dos subsectores a que se refere o nº 1 do artigo 10º-A estão sujeitas ao princípio da transparência orçamental.*		*Transparência Orçamental* 1 – A aprovação e execução dos orçamentos das autarquias locais estão sujeitos ao princípio da transparência orçamental. 2 – O princípio da transparência orçamental implica um dever de fornecimento de

	2 – O princípio da transparência orçamental implica a existência de um dever de informação entre todas as entidades públicas.		informação à entidade encarregada de monitorizar a execução orçamental. 3 – O princípio da transparência orçamental traduz-se na existência de um dever de informação mútuo entre o Estado e as autarquias locais, bem como no dever de estas prestarem aos cidadãos, de forma acessível e rigorosa, informação sobre a sua situação financeira.
Instrumentos de Gestão Art. 11º	*Os organismos do sector público administrativo estão sujeitos ao Plano Oficial de Contabilidade Pública, podendo ainda dispor de outros instrumentos necessários à boa gestão e ao controlo dos dinheiros e outros activos públicos, nos termos previstos na lei.*		*Instrumentos de Gestão* As autarquias locais estão sujeitas ao Plano Oficial de Contabilidade das Autarquias Locais.
Princípio da Publicidade Art. 12º	*O Governo assegura a publicação de todos os documentos que se revelem necessários para assegurar a adequada divulgação e transparência*		*Publicidade* Os órgãos executivos das autarquias locais asseguram a publicação de todos os documentos que se revelem necessários para assegurar a adequada divulgação e transparência dos respectivos orçamentos e da

	do Orçamento do Estado e da sua execução, recorrendo, sempre que possível, aos mais avançados meios de comunicação existentes a cada momento.		sua execução, recorrendo, sempre que possível, aos mais avançados meios de comunicação existentes a cada momento.
Conselho das Finanças Públicas Art. 12º-I	*1 – É criado um órgão independente, o conselho das finanças públicas, cuja missão consiste em pronunciar-se sobre os objectivos propostos relativamente aos cenários macroeconómico e orçamental, à sustentabilidade de longo prazo das finanças públicas e ao cumprimento da regra sobre o saldo orçamental, prevista no art. 12º-C, da regra da despesa da administração central, prevista no art. 12º-D, e das regras de endividamento das regiões autónomas e das autarquias locais*		*Coordenação das finanças locais com as estaduais* 1 – O saldo orçamental das administrações públicas, definido de acordo com o Sistema Europeu de Contas Nacionais e Regionais, corrigido dos efeitos cíclicos e das medidas temporárias, não pode ser inferior ao objectivo de médio prazo. 2 – Para o cumprimento da regra do saldo orçamental e dos princípios da estabilidade orçamental e da solidariedade recíproca, a actuação financeira das autarquias locais será coordenada com a actuação financeira do Estado. 3 – A coordenação referida no número anterior efectua-se através do Conselho das Finanças Públicas, sendo as autarquias locais ouvidas antes da preparação do Programa de Estabilidade e Crescimento e da Lei do Orçamento do Estado, designadamente

previstas nas respectivas leis de financiamento. *2 – O conselho deve integrar personalidades de reconhecido mérito, com experiência nas áreas económica e de finanças públicas.* *3 – A composição, as competências, a organização e o funcionamento do conselho, bem como o estatuto dos respectivos membros, são definidos por lei.*		quanto à participação das autarquias nos recursos públicos e ao montante global do endividamento autárquico.

Atendendo ao quadro exposto, e à previsão do Ponto 3.14. do ME, cumpre analisar a metodologia que propusemos para a adequação da LFL aos princípios e regras contidos na LEO, de modo a satisfazer, em particular, os quatros objectivos ali mencionados pela *troika*.

É mister destacar um primeiro ponto da metodologia avançada: entendemos que o POCAL não é a sede adequada para a consagração dos princípios de enquadramento orçamental a que os orçamentos das autarquias locais devem obediência. Deste modo, o POCAL teria, necessariamente, de conhecer alterações. E, bem assim, preferimos uma contemplação que ultrapasse o mero enunciado remissivo para a LEO, antes prevendo a LFL os princípios de enquadramento orçamental que aquela lei prevê agora adequados à realidade do subsector local. Embora nos pareça que a tentação primeira do Governo seja a da alteração menos ambiciosa da LFL, já no Orçamento do Estado para 2012, no sentido de cumprir o prazo estipulado no ME. O que não descarta, *a posteriori*, uma revisão de fundo da LFL, que dê corpo a todas as exigências do plano de ajustamento relativas à administração local, a que Portugal se encontra sujeitado.

Ora, no que respeita à inclusão de todas as entidades públicas relevantes no perímetro do governo local, o trabalho parece seguir bom rumo, na medida em que foi aprovado em Conselho de Ministros e aguarda promulgação um novo regime atinente ao sector empresarial local. É sobretudo a este, embora não exclusivamente, que o ME se reporta. E, de acordo com o novo quadro legal, haverá consolidação plena das contas das empresas municipais (e, bem assim, intermunicipais) com as contas dos municípios seus accionistas ou titulares. A regra da consolidação já se encontra prevista na Lei nº 53-F/2006, de 29 de Dezembro, que ainda vai regulando o sector empresarial local, mas apenas na medida em que dada empresa apresente um saldo negativo nas suas contas, nos termos do art. 31º.

Propormos, no entanto, a introdução na LFL de um preceito relativo ao princípio da universalidade que vai mais longe do que a previsão do art. 2º, nº 5 da LEO. Este estatui: *para efeitos da presente lei, consideram-se integrados no sector público administrativo, como serviços e fundos autónomos, nos respectivos subsectores da administração central, regional e local e da segurança social, as entidades que tenham sido incluídas em cada subsector no âmbito do Sistema Europeu de Contas Nacionais e Regionais, nas últimas contas sectoriais publicadas pela autoridade estatística nacional, referentes ao ano anterior ao da apresentação do Orçamento.* A nossa proposta de preceituado é, recapitulemos, esta: *1 – O Orçamento dos municípios é unitário e compreende todas as receitas e despesas dos serviços integrados, dos serviços e fundos autónomos, das entidades integrantes do respectivo sector empresarial local, das associações de direito público e privado em que participe, bem como de todas as entidades públicas consideradas relevantes no perímetro do governo municipal, e as aquelas decorrentes de parcerias público-privadas locais. 2 – O orçamento das freguesias é unitário e compreende todas as receitas e despesas da freguesia, bem como de todas as entidades públicas consideradas relevantes no perímetro do governo da freguesia.*

Estamos, aqui, com Maria d'Oliveira Martins, ao defender que seria *mais útil a adesão expressa, por parte do legislador, ao critério económico utilizado no SEC 95. Com efeito, o artigo 2º, nº 5, exigindo apenas a integração das entidades que, nas últimas contas, tenham sido consideradas pela autoridade estatística, acaba por, ainda assim, deixar margem para uma disparidade entre aquilo que é adminis-*

trativo e aquilo que é empresarial, para efeito interno e para efeito de reporte às ins-
tituições comunitárias (com impacto natural entre o valor do défice apurado inter-
namente e o apurado de acordo com os critérios comunitários). Assim sucederá, por
exemplo, no que toca a empresas criadas ex novo *pelo Estado*[49]. E, bem assim, as
entidades que integram o sector empresarial do Estado, das Regiões e
das autarquias locais, estão, nos termos do SEC 95, sujeitas ao duplo critério económico ali contemplado[50].

No que toca à adequação da LFL à previsão plurianual de despesas,
agora consagrada na LEO, propomos a introdução de um preceito
naquela que consagre o princípio da plurianualidade, através de regras
de enquadramento orçamental e elaboração de um quadro plurianual de
programação orçamental, que sempre nos parece mais adequado do que
o plano plurianual de investimentos previsto no POCAL.

Em respeito ao princípio do equilíbrio orçamental e às regras de endividamento, julgamos que os conceitos operativos estruturantes da adaptação da LFL à LEO passam sobretudo por aqueles atinentes ao critério
do activo de tesouraria, agora essencialmente adoptada para as contas do
Estado e das Regiões, ao princípio da estabilidade orçamental e ao princípio da solidariedade recíproca. Isto porque o complexo normativo contemplado na LFL a respeito do endividamento local parece-nos da maior
relevância, e uma evolução muito positiva nos pilares do edifício das
finanças municipais. Para mais, o *fine-tunning* que o novel princípio da
universalidade proporciona tem impacto imediato nos critérios e limites
de endividamento autárquico, ao contemplar a consolidação de contas
maxime com o sector empresarial local *relevante*.

Assim, como é sabido, o POCAL consagra, no seu ponto 3.1.1, al. e), o
critério do activo patrimonial, que parte da distinção sobre a qual assenta
a classificação económica de receitas e despesas[51]. Não nos parece restar

---

[49] *Lições...*, ob. cit., pág. 76. *Vide*, sobre esta questão, as anotações ao art. 2º dos autores Guilherme
d'Oliveira Martins, Guilherme Waldemar d'Oliveira Martins e Maria d'Oliveira Martins, no seu
a Lei de Enquadramento Orçamental Anotada e Comentada, 2ª Edição, Almedina, 2009, pags. 26-35.
[50] *Vide* o nosso "O Sistema Europeu de Contas Nacionais e Regionais (SEC 95) como limite à
iniciativa económica pública", *Revista do Tribunal de Contas*, Nº 39, Janeiro-Junho de 2003,
págs. 59-70.
[51] Maria d'Oliveira Martins, em nota crítica ao critério de classificação económica de receitas
e despesas, coloca uma questão extremamente pertinente para o estudo que conduzimos.
Entende a autora que seria desejável que a classificação económica das despesas destacasse a

alternativa, face ao previsto no ME, senão a de consagrar, nos mesmos termos previstos na LEO, o critério do activo de tesouraria em matéria de equilíbrio dos orçamentos locais.

Quanto à estabilidade orçamental e à solidariedade recíproca, optamos, na nossa proposta, pela consagração explícita e plena das possibilidades abertas por estes princípios em matéria de colocação de limites de endividamento inferiores aos resultantes da aplicação da LFL, e de redução das transferências do Orçamento do Estado, referindo com intensidade expressiva o *direito* de audição prévia dos municípios e das freguesias. Aliás, esta matéria relaciona-se intimamente com a coordenação das finanças locais com as finanças estaduais e com a interacção das autarquias com o novo Conselho das Finanças Locais, para as quais deixámos também o preceituado que julgamos apropriado.

Relativamente ao orçamento por programas, o POCAL refere já essa necessidade de programação orçamental, embora de modo facultativo e de forma parcial (ponto 2.3.1). Todavia, a sua previsão com carácter obrigatório em relação a todas as despesas é sobremaneira importante, e a sua *importação* para o ordenamento financeiro local postulado do ME. Estamos, nesta matéria, com Nazaré Costa Cabral, ao afirmar que *ainda que entre nós se tenha rejeitado a solução* formal *da orçamentação integral por programas, não há dúvida que,* materialmente, *procurou-se definir regras de enqua-*

---

transferências do Estado face às despesas de consumos do Estado, apontando duas ordens de vantagens: *Em primeiro lugar, o destaque das* transferências *levaria a um maior desenvolvimento das rubricas relativas às despesas de redistribuição da riqueza, para um maior escrutínio do destino das mesmas verbas (...) O debate do Orçamento não deve passar ao lado do questionamento das efectivas necessidades de financiamento dos demais subsectores do Estado, empresas privadas e famílias. Nem deve abster-se de questionar se o suprimento dessas necessidades deve passar necessariamente pelo Estado (...). Em segundo lugar (...) deixando de misturar as transferências com as despesas correntes, o legislador deixaria de misturar alhos com bugalhos e permitiria a quem escrutinasse o Orçamento do Estado uma visão mais clara daquilo que se gasta apenas para a alimentação da sua máquina e daquilo que se gasta, numa perspectiva de redistribuição de receitas com outros entes que ele cria para o desempenho das suas funções ou com entidades que o Estado entende promover. A consolidação orçamental não é apenas uma missão passiva, em que o Estado se limita a fazer contas de somar e subtrair para saber quanto gasta efectivamente. (...)* **Deve ser da avaliação que se faz das transferências como componente de despesa do Orçamento do Estado (em relação à sua produtividade, necessidade e utilidade) que devem partir os ajustamentos a introduzir nas Lei das Finanças das Regiões Autónomas e Lei das Finanças Locais no sentido da maior ou menor dependência das transferências do Estado central e consequentemente da maior ou menor independência fiscal a conceder-lhes** (Lições..., ob. cit., págs. 164-165).

dramento das decisões orçamentais à luz de instrumentos plurianuais diversos, com carácter programador. Pretende-se com isto garantir uma nova racionalização das decisões orçamentais, *agora à luz de um postulado, também novo, de credibilidade da política económica* (maxime *da política orçamental*) *e do objectivo* disciplinador *das finanças públicas*[52].

6. As finanças locais na proposta de lei do Orçamento do Estado para 2012

Dando já cobertura a alguns dos pontos do ME relativos às autarquias locais, suas finanças e organização, a proposta de lei do Orçamento do Estado para 2012 contempla os seguintes (e principais) dispositivos:

Redução do montante global das transferências para os municípios	*Artigo 47º* *1 – Em 2012, e tendo em conta a estabilidade orçamental prevista na Lei de Enquadramento Orçamental (...) a repartição dos recursos públicos entre o Estado e os municípios, tendo em vista atingir os objectivos de equilíbrio financeiro horizontal e vertical, inclui as seguintes participações:* *a) Uma subvenção geral fixada em € 1 752 023 817, para o Fundo de Equilíbrio Financeiro (FEF);* *b) Uma subvenção específica fixada em € 140 561 886, para o Fundo Social Municipal (FSM);*
Alterações à LFL: Princípios e regras orçamentais	Aditamento de novos números ao artigo 4º *7 – Para efeitos do disposto nos números anteriores e com vista a assegurar a consolidação orçamental das contas públicas, em situações excepcionais e transitórias, podem ser estabelecidos, por lei, limites à prática de actos que determinem a assunção de encargos financeiros com impacto nas contas públicas pelas autarquias locais, designadamente:* *a) Recrutamento de trabalhadores;*

---

[52] *Programação e Decisão Orçamental, Da Racionalidade das Decisões Orçamentais à Racionalidade Económica*, Almedina, 2008, pág. 609.

b) A celebração de contratos de aquisição de serviços de consultadoria e assessoria técnica,

c) Valorizações remuneratórias dos trabalhadores em funções públicas e outros servidores dos órgãos e serviços das autarquias locais.

8 – Para efeitos do disposto no presente artigo podem ser estabelecidos, por lei, deveres de informação e reporte tendo em vista habilitar as autoridades nacionais com a informação agregada relativa, nomeadamente, à organização e gestão de órgãos e serviços das autarquias locais, ao recrutamento de trabalhadores e à celebração de contratos de aquisição de serviços pelos vários órgãos e serviços das autarquias locais.

9 – Ao incumprimento das medidas e deveres a que se referem os números anteriores é aplicável o disposto no n.º 7 do artigo 50.º da presente lei e no n.º 3 do artigo 92.º da Lei de Enquadramento Orçamental (...).

Alterações à LFL: Cooperação técnica e financeira	Aditamento de um número 9 ao artigo 8.º *9 – O disposto no presente artigo aplica-se às empresas do sector empresarial do Estado.*
Descentralização de competências	*Artigo 51.º: Descentralização de competências para os municípios no domínio da educação*
Regras relativas à cabimentação e assunção de compromissos na administração local	*Artigo 55.º* *As matérias relativas à cabimentação e assunção de compromissos na administração local serão objecto de regulamentação em portaria a aprovar até 60 dias após a entrada em vigor da presente lei.*
Violação das regras relativas a compromissos	*Artigo 56.º* *1 – Os agentes económicos que procedam ao fornecimento de bens ou serviços sem que o documento de compromisso ou nota de encomenda ou documento análogo tenha o número de cabimento e a clara identificação da entidade emitentes não poderão reclamar da autarquia local o respectivo pagamento.*

	2 – Os dirigentes ou equiparados que assumam compromissos ou emitam notas de encomenda ou documentos análogos que não exibam o número de cabimento incorrem em responsabilidade disciplinar, financeira, civil e criminal. *3 – Até ao final do ano de 2012, e sem prejuízo do disposto nos números anteriores, as entidades incluídas no subsector da administração local reduzem no mínimo 10% do valor médio dos encargos assumidos e não pagos (EANP) e dos pagamentos em atraso com mais de 90 dias registados no Sistema Integrado de Informação da Administração Local (SILAL) entre Junho e Dezembro de 2011.*
Endividamento municipal em 2012	*Artigo 57º:* *1 – O endividamento líquido de cada município em 31 de Dezembro de 2012 não pode ser superior àquele que se verificava em 31 de Dezembro de 2011 (nº 1);* *2 – Atenta a necessidade de atingir as metas e os objectivos de estabilidade orçamental decorrentes da aplicação do PAEF, o valor do endividamento líquido durante o ano de 2012 (...) não pode exceder 62,5% do montante das receitas provenientes dos impostos municipais, das participações do município no FEF, da participação no IRS, da derrama, e da participação nos resultados das entidades do sector empresarial local relativas ao ano anterior (nº 2);* *3 – O montante da dívida de cada município referente a empréstimos de médio e longo prazo não pode exceder em 31 de Dezembro de 2012, 62,5% da soma do montante das receitas referidas no nº 2 do artigo 39º da LFL, relativas ao ano anterior (nº 3);* *4 – Em caso de incumprimento da disposição do nº 2 deste preceito, o município deve reduzir no mínimo 10% do montante que exceda o respectivo limite de endividamento líquido, em cada ano subsequente até que o referido limite seja cumprido (nº 4), e é-lhe aplicável o disposto no nº 4 do artigo 5º da LFL (nº 5);* *5 – Em caso de incumprimento da disposição do nº 3 deste preceito, o município deve durante o ano de 2012 fazer amortizações em montante igual ou superior às efectuadas durante o ano ante-*

rior, estando-lhe igualmente vedada a possibilidade de contracção de novos empréstimos de médio e longo prazo (n.º 6);

6 – Suspensão das excepções previstas nos n.ºs 5 e 6 do artigo 39.º da LFL (n.º 8);

7 – Podem excepcionar-se do disposto nos n.ºs 1 e 2 a contracção de empréstimos, a autorizar por despacho do membro do Governo responsável pela área das finanças, em situações excepcionais devidamente fundamentadas e tendo em consideração a situação económica e financeira do País (n.º 9).

PARTE III
A *dimensão financeira óptima* no quadro da reorganização territorial autárquica

1. A *reorganização externa* dos municípios: soluções de eficiência e inovação prestadora financeiras como *guidelines* da reorganização administrativa do território autárquico

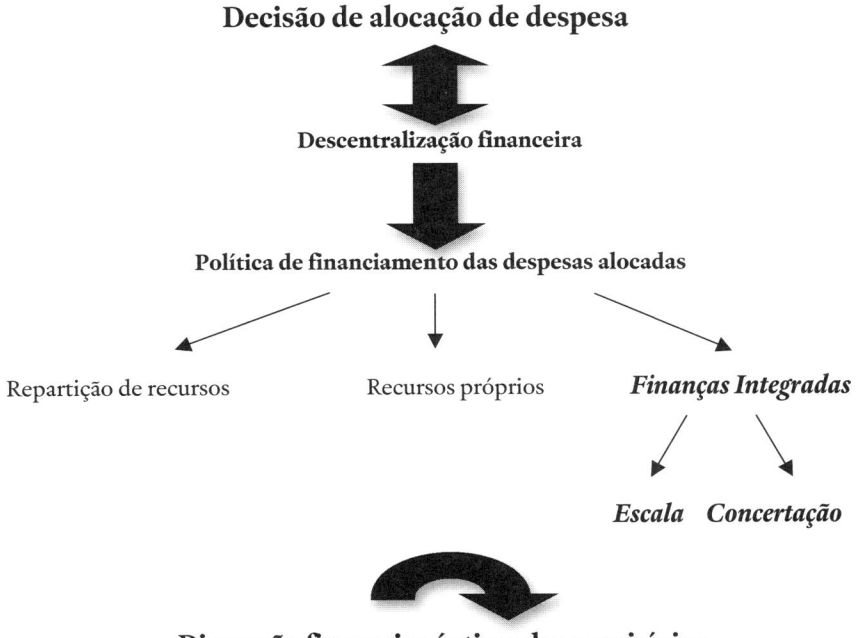

Decisão de alocação de despesa

Descentralização financeira

Política de financiamento das despesas alocadas

Repartição de recursos   Recursos próprios   *Finanças Integradas*

Escala   *Concertação*

Dimensão financeira óptima dos municípios

1.1. Óptimos de decisão e provisão pública: quadro funcional de repartição de competências entre o Estado e os municípios[53]

Esta questão prende-se intimamente com a organização interna do Estado, com o *core* do seu modelo de organização político-administrativa, se quisermos. E com a consequente organização financeira do Estado.

Ou seja, é necessário encontrar o ***nível óptimo de decisão financeira***, mas também o ***nível óptimo de provisão pública***, no âmbito do binómio centralização-descentralização, agregando à organização político-administrativa a indissociável dimensão económico-financeira.

A teoria da escolha pública, idealizada por James Buchanan e Gordon Tullock[54], eminentemente processualista, enfrenta a questão nuclear dos processos de decisão colectiva sobra a afectação e distribuição de recursos e tem por referente a constituição, depósito das regras e instituições mais competentes para a tomada das decisões colectivas.

Na perspectiva da *public choice*, as performances públicas e privadas devem ser objecto de comparação, no sentido de comprovar a eficiência dos programas públicos mas também de revelar os pontos de falência quer do sector público, quer do sector privado, que são *instituições imperfeitas de afectar os recursos, e como tal o objectivo da análise é desenvolver uma análise institucional comparada*[55].

E enquanto corpo teórico de génese processualista, Gordon Tullock acabou por aplicar a teoria da escolha pública à questão do modelo eficiente de organização administrativa e, logo, financeira[56]. Ou seja, à des-

---

[53] Por tratar-se de uma temática a que a autora dedicou particular atenção, *máxime* no seu *Descentralização...*, ob. cit., e que sintetizou recentemente num texto intitulado "Finanças Locais: uma leitura contemporânea da descentralização financeira no quadro de Musgrave", *Revista do Tribunal de Contas*, nº 51, Janeiro/Junho de 2009, 1º Semestre de 2009, págs. 95-119 (mas que foi dada ao prelo no 1º semestre de 2010), seguimos precisamente essa análise sintética. Todavia, o referido texto sofre aqui importantes actualizações relativamente a dados, doutrina e opiniões da autora, não se tratando, pois, de mera réplica do estudo mencionado.

[54] A obra que marca o desenvolvimento da *public choice* e o início do percurso de Buchanan é publicada em co-autoria com Gordon Tullock, *The Calculus of Consent*, Ann Arbor, University of Michigan Press, 1962.

[55] Paulo Trigo Pereira, "A teoria da escolha pública (*public choice*), uma abordagem neoliberal?", *Análise Social*, Revista do Instituto de Ciências da Universidade de Lisboa, nº 141, 4ª Série, Volume XXXII, 1997-2º, pág. 423.

[56] *Vide* o estudo de Tullock, Arthur Seldon e Gordon L. Brady, *Government: Whose Obedient Servant? A Primer in Public Choice*, Londres, Institute of Economic Affairs, 2000 – aperfeiçoado

centralização: de acordo com o princípio da subsidiariedade, os processos de decisão colectiva descentralizados revelam ganhos de eficiência ante processos de decisão colectiva centralizados. Argumentou Tullock a facilidade de demonstração de que um leque amplo de tarefas públicas não reclamam decisões políticas de nível nacional, e assim sendo devem ser transferidas para centros de decisão local, de proximidade do cidadão-eleitor. Apenas intensas e inultrapassáveis economias de escala desmentiriam tal descentralização decisória, como sucederia no caso da defesa nacional. Assim, a prossecução do interesse público deve ser entregue aos indivíduos e a corpos sociais localizados entre estes e o Estado – como as entidades infra-estaduais, entre nós as autarquias locais.

A eficácia de decisões colectivas descentralizadas nas autarquias locais colhe prova dupla: a possibilidade de exercício de uma fiscalização de proximidade por parte dos eleitores; e o fomento da concorrência entre autarquias locais, indutora de ganhos de eficiência na oferta de bens públicos, pela possibilidade de comparação entre os cabazes oferecidos pelas várias autarquias ante as receitas públicas que arrecadam.

Para a teorização dos ganhos de eficiência decisória e limitação da despesa pública, através da proximidade, participação e escolha dos membros das comunidades locais, contribuiu decisivamente Charles Tiebout[57]. Em 1956, o autor elaborou um modelo de concorrência fiscal local segundo o qual *"a concorrência entre sistemas fiscais num espaço de liberdade de movimentação dos factores de produção conduz a resultados eficientes, na medida em que aos diferentes níveis de fiscalidade correspondam necessariamente níveis diversos de fornecimento de bens e serviços públicos financiados por aqueles. As pessoas e as empresas seriam assim livres de se fixar ou estabelecer nos territórios em que obtivessem um melhor equilíbrio entre a receita fiscal que suportam e a despesa pública correspondente às suas preferências"*[58].

---

dois anos depois na obra *Government Failure: A Primier in Public Choice*, Washington D. C., Cato Institute, 2002.

[57] "A pure Theory of local expenditure", *Journal of Political Economy*, Volume 64, 1956, pág. 416 e segs.

[58] José Casalta Nabais, "Estado Fiscal, Cidadania Fiscal e Alguns dos seus Problemas", *Boletim de Ciências Económicas*, Faculdade de Direito da Universidade de Coimbra, Volume XLV-A, 2002, págs. 592-593.

Este modelo, baseado nos diferentes «cabazes» de impostos e bens colectivos locais oferecidos e na perfeita mobilidade geográfica dos eleitores entre circunscrições financeiras, é designado por «votação com os pés» (*voting with the feet*). Baseado num conjunto de pressupostos restritivos e irrealistas, de acordo com o mecanismo idealizado por Tiebout, os indivíduos podem seleccionar a sua circunscrição territorial de residência ou localização de acordo com a combinação de bens públicos oferecidos e impostos cobrados, escolhendo como se «comprassem no mercado» pelo simples movimento de migração, como se votassem pelo seu pé. A deslocação ou saída de uma localidade corresponde a um voto contra o *cabaz* oferecido por esta. Como Alfred Hirschman tornou patente, os eleitores têm à sua disposição a sua *voz* (o seu voto), mas também a sua *saída* (a mobilidade)[59].

No seu modelo, Tiebout assumiu as seguintes premissas:

Primeira Premissa	*Os consumidores-vontantes teriam total mobilidade, fixando-se na circunscrição territorial cujo «cabaz» oferecido correspondesse ao seu padrão de preferências.*
Segunda Premissa	*Os consumidores-votantes teriam, também, informação integral e perfeita relativamente à oferta de cada circunscrição, reagindo à diversidade.*
Terceira Premissa	*Existiria uma multiplicidade de circunscrições territoriais, funcionando como unidades de oferta de bens públicos a custos fiscais diferenciados.*
Quarta Premissa	*Inexistência de spillovers: os bens produzidos não gerariam externalidades para outras comunidades.*
Quinta Premissa	*Desconsiderou os mercados de habitação e trabalho.*
Sexta Premissa	*Assumiu que cada comunidade local oferece o seu «cabaz» ao custo médio mínimo, função do número de residentes que conhece uma dimensão óptima: até um determinado número de residentes, a provisão pública gera economias de escala, que dão lugar a custos de congestionamento à medida que a população aumenta.*

[59] *Exit, Voice and Loyalty*, Cambridge, Harvard University Press, 1970, pág. 7 e segs.

Apesar do irrealismo de alguns destes pressupostos e das conclusões respectivas, o modelo de Charles Tiebout fornece importantes argumentos a favor do reforço da descentralização e da autonomia tributária, aproveitados pela teoria do *fiscal federalism*, mas também pela escola da *public choice*. A proximidade entre custos e benefícios sentidos pelos consumidores-votantes geraria uma maior resistência dos contribuintes face à despesa pública, caso a carga fiscal fosse integralmente determinada ao nível local[60].

Naturalmente, as vantagens que apontamos à descentralização administrativa, derivas da aplicação de postulados da *public choice* e no âmbito da subsidiariedade, seriam inúteis se solitárias das correlativas medidas de descentralização financeira. Na busca da melhor solução para a repartição de atribuições, competências e recursos intra-estadual, Richard Musgrave e Wallace E. Oates ofereceram uma resposta pioneira: desenharam os contornos do federalismo fiscal.

Em 1958, Musgrave concebeu uma classificação tríplice, alternativa das razões justificativas da intervenção do Estado na economia[61]. De

---

[60] O modelo de Tiebout foi alvo de inúmeras críticas, nomeadamente: o facto de ignorar por completo a diferente mobilidade dos factores de produção e inerentes consequências ao nível da sua tributação; o esquecimento a que vota a função redistributiva do imposto, hoje associado à capacidade contributiva e não, como sugere este esquema, à ideia de troca e correspondência integral entre os impostos pagos e os bens públicos de que os contribuintes beneficiam. Para uma perspectiva crítica actual ao modelo de Tiebout, e por todos, *vide* John D. Donahue, "Tiebout? Or Not Tiebout? The Market Metaphor and the America's Devolution Debate", *The Journal of Economic Perspectives*, Volume 11, Nº 4, 1997, págs. 73-82.
Por outro lado, o funcionamento do modelo de Tiebout pode ter efeitos perversos. Os fluxos migratórios internos, podendo gerar benefícios, podem também levantar problemas quer nas circunscrições de origem, quer no destino, refere Jorge Costa Santos. O autor oferece o exemplo dos fenómenos históricos de êxodo rural verificados em períodos de intensa industrialização e urbanização: "*as zonas rurais foram muitas vezes prejudicadas, e as condições de vida degradaram-se. Designadamente por incapacidade de assegurarem a provisão de certos bens colectivos (abastecimento de água, construção de caminhos de ferro, etc.). Por outro lado, nas cidades assistiu-se, outras tantas vezes, a efeitos de congestionamento dos bens colectivos (sobrecarga das infra-estruturas sociais, impossibilidade dos serviços e departamentos públicos prestarem o atendimento devido aos cidadãos, etc.).*" (*Bem-estar Social e Decisão Financeira*, Almedina, Coimbra, 1993, pág. 374, nota 499).
[61] *The Theory of Public Finance*, McGraw-Hill, New York, 1959. Também de Richard Musgrave, em co-autoria com Peggy Musgrave, *Public Finance in Theory and in* Practice, 3ª Edição, 1980 (também disponível em castelhano, *Hacienda Publica Teorica y Aplicada*, Instituto de Estudios Fiscais de Madrid, Madrid, 1981). Cfr. o recente estudo de David N. Hyman, *Public Finance,*

acordo com o economista norte-americano, são três os objectivos da intervenção estadual:

1) A correcção da afectação de recursos ou alocação de bens públicos, pondo cobro a situações de ineficiência resultantes do funcionamento dos mecanismos do mercado;
2) A redistribuição da riqueza e rendimento, visando a repartição da riqueza entre os vários membros da comunidade e sectores da sociedade, de acordo com os critérios de equidade adoptados;
3) A estabilização económica, função de intervenção macroeconómica através da qual o Estado procurará assegurar a maior utilização possível dos recursos, a estabilidade dos preços e o equilíbrio externo da economia[62-63].

A Contemporary Application of the Theory to Policy, 8 E., Thomson South-Western, 2005. Entre nós, *vide* Sousa Franco, «Políticas Financeiras», *Enciclopédia Pólis*, IV, e M. Pinto Barbosa, «Orçamento», *Enciclopédia Verbo*, Volume 20.

[62] Musgrave teorizou este esquema restringindo a sua análise à actividade orçamental, às receitas e às despesas do Estado, propondo uma organização do Orçamento que não conheceu aplicação prática, mas apresenta-se ainda hoje como quadro conceptual da maior valia para a análise do intervencionismo económico do Estado. O autor defendeu a elaboração de três orçamentos distintos ou suborçamentos, correspondentes àquelas áreas funcionais específicas do sistema financeiro e numa relação de interdependência: cada suborçamento seria delineado e executado assumindo que os outros dois suborçamentos seriam integralmente cumpridos, sendo o orçamento global o resultado da consolidação dos suborçamentos parcelares. Esta interdependência entre as funções orçamentais distinguidas por Musgrave é manifesta, como explicava o nosso saudoso Mestre António Sousa Franco: *o orçamento, na totalidade das receitas e despesas, obedece a dados princípios e produz certos efeitos sobre a afectação dos recursos; mas também ele, na sua totalidade, produz efeitos diferentes sobre a distribuição e a estabilização. O planeamento das receitas e despesas haverá de ser feito, em referência a cada função, com pressuposição do equilíbrio neutral das outras duas; e os efeitos de afectação, distribuição e estabilização produzem-se sempre que há actividade financeira, embora possam ser deliberadamente provocados ou resultem apenas da própria estrutura do orçamento* (*Finanças dos Sector Público, Introdução aos Subsectores Institucionais* (*Aditamento de Actualização*, AAFDL, Reimpressão, 2003, pág. 43).

[63] Salienta António Pinto Barbosa, esta classificação tripartida não conflitua com o esquema dual dos propósitos de eficiência e equidade da intervenção estadual na economia: *os problemas de redistribuição de riqueza e rendimento correspondem fundamentalmente ao objectivo de promoção da equidade. Os problemas de afectação e estabilização terão que ver essencialmente com a promoção de eficiência na economia, embora, normalmente, tenham também reflexos na esfera da equidade. Economia Pura*, McGraw-Hill, 1997, pág. 7.

Através deste esquema ideal de repartição de funções entre o Estado e as entidades infra-estaduais, Musgrave defendeu a melhoria da actuação política caso as funções de afectação, redistribuição da riqueza e estabilização económica fossem consideradas como «ramos» distintos mas interdependentes. Sobre a base do universo Tieboutiano, Musgrave atribui as funções de redistribuição e estabilização ao governo central. A reduzida capacidade de endividamento e a inexistência de instrumentos de política monetária ao nível local, bem como a sua dimensão, apartam as entidades infra-estaduais da repartição da riqueza e da intervenção macroeconómica de estabilização de preços e equilíbrio externo da economia.

As unidades administrativas locais são chamadas ao desempenho funcional de afectação, estabelecendo Musgrave um modelo normativo e financeiro *multinivelado*. Ao Estado cabe estabilizar a economia, redistribuir os rendimentos de acordo com o consenso social e prover os bens públicos de âmbito nacional. As entidades infra-estaduais encarregam-se da provisão de bens públicos geograficamente delimitados às suas circunscrições territoriais, e financiam esta tarefa através de uma tributação baseada sobretudo no princípio do benefício.

Oates, por seu turno, seguiu o pensamento de Tocqueville e ofereceu-lhe uma importante concretização financeira: depois de marcar, de forma clara, o que este corpo teórico aproveita do federalismo e do ideário de Alexis de Tocqueville – a ideia de combinação de vantagens resultantes da existência de estruturas maiores e estruturas menores (Federação e Estados federados, neste caso), e não uma qualquer identificação entre o *fiscal federalism* e o federalismo político – Oates leva-nos de volta à tensão entre *assuntos nacionais* e *assuntos locais*, e estabelece-se o «Teorema da Descentralização de Oates»[64].

O «Teorema de Descentralização» é uma proposição normativa que enuncia que *na ausência de economias de escala provenientes da provisão centralizada de um bem (público local) e de externalidades interjurisdicionais, o nível de bem-estar será sempre pelo menos tão elevado (e tipicamente mais elevado) se forem providenciados níveis de consumo de eficiência de Pareto em cada jurisdição como se*

---

[64] O Teorema foi enunciado por Oates na sua obra *Fiscal Federalism*, New York, Harcourt Brace Jovanovich, 1972.

fosse mantido um nível de consumo único e uniforme em todas as jurisdições[65]. Desta forma, e em nome da eficiência económica, Oates estabelece uma presunção favorável à provisão descentralizada de bens públicos cujos efeitos são localizados[66].

Assim, a repartição de atribuições e competências é definida por Oates através da adesão à trilogia funcional de Musgrave e do Teorema que enunciou. Estas são, aliás, as bases fundacionais do federalismo fiscal, sobre as quais vários autores edificaram os seus contributos.

Ora, afirmámos já que a repartição de funções entre o Estado e as entidades infra-estaduais ou a delimitação das *competências funcionais das entidades infra-estaduais em cada função musgraviana interdependente* não é isenta de críticas ou, ao menos, de uma leitura *pós-clássica*, contemporânea.

Façamos tal releitura atendendo separadamente a cada função de Musgrave.

1.1.1. Função de afectação

No âmbito da função de afectação, considera-se generalizadamente que a provisão de bens públicos pelas entidades infra-estaduais é geradora de ganhos de eficiência, na medida em que estas identificam de forma mais eficiente as necessidades das populações – dada a proximidade entre provedores e beneficiários –, e mobilizam recursos para o pagamento de bens e serviços que têm impacto unicamente local.

Em linguagem microeconómica, esta presunção favorável à provisão descentralizada de bens públicos traduz uma melhor aproximação ao equilíbrio entre custos e benefícios marginais.

Concordando com tal presunção, a mais das vezes verificável, as conclusões retiradas essencialmente por quatro grupos de doutrina – Mus-

---

[65] *Idem...*, ob. cit., pág. 54.

[66] Apercebendo-se que muitos consideram que os ganhos da descentralização têm origem teórica no modelo de Tiebout, considerando também que tal ideia não teria aplicabilidade para além das fronteiras norte-americanas, Oates defende que, ainda que não exista qualquer tipo de mobilidade, a descentralização financeira proporciona ganhos de eficiência: *o nível de eficiência do output de um bem público local, tal como determinado pela condição de Samuelson – a soma das taxas marginais de substituição são iguais ao custo marginal – variam tipicamente de uma jurisdição para outra. Por exemplo, o nível eficiente de qualidade do ar em Los Angeles é seguramente muito diferente do nível eficiente em Chicago* ("An Essay on Fiscal Federalism", *Journal of Economic Literature*, Volume XXXVII, 1999, pág. 1124).

grave e Oates, e a sua *Equivalência Fiscal*; Buchanan e Tullock, e a sua *Teoria dos Clubes*; Tiebout e o *Modelo de competição fiscal inter-juridições*; e o modelo de *Exit and Voice* de Hirshman –, em termos de modelação do sistema de financiamento local e de repartição vertical de receitas não recolhem, integralmente, a nossa subscrição.

Reveja-se o teorema da descentralização de Tiebout. A determinação do nível eficiente de despesa com a provisão de bens públicos locais opera sobre a premissa de que os *indivíduos votam com os pés*: a combinação da quantidade e da qualidade de bens públicos oferecidos e de tributação suportada, seria um *cabaz* determinante na localização da população. Quando o *cabaz* não satisfaça a população de uma dada circunscrição territorial, forçará a migração da população em direcção a áreas fornecedoras de *cabazes* que melhor atendam às suas necessidades.

Satisfeitas tais condições, a provisão pública local de bens obedeceria aos princípios da **eficiência na alocação** – quantidade óptima de provisão de bens/serviços públicos – e da **eficiência produtiva** – quantidade óptima é produzida ao menor custo possível. As falhas, porém, são notórias.

Faça-se prova do irrealismo restritivo do modelo de Tiebout, pela análise comparativa das suas premissas e da realidade sócio-económica que experimentamos:

Premissas de Tiebout	*Falhas do modelo*
Os cidadãos-eleitores «votam com os pés», sendo as empresas desconsideradas como actores processuais da decisão financeira.	O voto *tout court*, é anterior ao «voto com os pés», e as empresas, não votando, «pagam votos», contribuindo para as campanhas assim influenciado os eleitores.
Mobilidade perfeita da população na escolha da residência, pela inexistência: a) De custos de relocalização (fixos, como o arrendamento de casa – variáveis, como os transportes); b) De restrições impostas pela variável emprego.	Inexistência de mobilidade perfeita, pois o mercado de habitação e arrendamento e a diferenciação espacial da prestação de serviços de transportes importa custos de relocalização, e a variável emprego, sobretudo entre nós, não é promotora de mobilidade.

Informação simétrica relativa aos *cabazes* oferecidos por cada circunscrição, *maxime* das qualidades e quantidades de serviços oferecidos e do montante de tributos a suportar.	Desconsideração das empresas como actores no processo de escolha, eliminando a possibilidade de avaliar a competição entre jurisdições sobre a perspectiva do crescimento económico. E a informação não é simétrica.
Inexistência de *spillovers* – os bens providos não aproveitam a qualquer indivíduo para lá das fronteiras da circunscrição, eliminando os *free-riders*.	Existência de *spillovers*, que carecem de internalização, pela tributação dos agentes beneficiados pelos *spillovers* (ex: turistas; movimentos pendulares), ou de resolução pela associação de municípios ou existência de áreas metropolitanas, à escala das quais os *spillovers* são internalizados e redistribuídos os custos/benefícios.
Cada circunscrição atinge uma dimensão óptima de população, o que possibilita a oferta do seu *cabaz* a um custo médio mínimo: até um determinado número de residentes, a provisão pública local gera economias de escala – para lá dessa dimensão óptima, o aumento da população vai gerando custos de congestionamento.	Todos os factores já enunciados, aliados a condicionantes geográficas, de localização de pólos de atracção migratória – escolas, universidades, serviços públicos, postos de trabalho, etc. – e povoamento do território geram, por exemplo, custos de interioridade. É uma falácia a consideração de que as circunscrições atingem óptimos dimensionais naturalmente, sem obediência a determinadas regras pré-estabelecidas, gerando-se em muitos casos deseconomias de escala na provisão dos *cabazes* locais

Deste modo, e em releitura da presunção favorável às entidades locais na realização da função de afectação de recursos e provisão pública, cumpre retirar novas conclusões, nomeadamente no que respeita ao modelo de financiamento das nossas autarquias locais – *maxime*, os municípios.

O esquema de repartição de funções avançado por Musgrave apresenta inúmeras consequências ao nível da política de tributação. Por um lado, exonera as entidades infra-estaduais da utilização de impostos progressivos, uma vez que deve caber ao sistema fiscal nacional assegurar a progressividade adequada. Deste modo, as entidades infra-estaduais, despreocupadas com a redistribuição e justiça fiscal, poderiam concentrar-se na provisão dos bens públicos mais adequados, financiando-os fundamentalmente através de uma tributação baseada no princípio do benefício.

Seguindo o clássico esquema funcional de Musgrave, o sistema fiscal local que assegura a provisão de bens públicos, deveria sustentar-se em quatro pontos essenciais. Que colhem a nossa critica. Vejamos.

Sistema fiscal local *clássico*	Sistema fiscal local *contemporâneo*
Prevalência do princípio do benefício O princípio do utilizador-pagador introduz racionalidade e eficiência na decisão financeira, ao tornar transparente, aos olhos do cidadão-eleitor, a concreta alocação dos recursos.	***Tributação local baseada no princípio do benefício e no princípio da capacidade contributiva*** Sob pena de ineficiência, pois os factores de produção têm apenas uma mobilidade relativa e a ignorância do princípio da capacidade contributiva afasta ineficazmente a tributação local da função de redistribuição de rendimentos.
Preferência pela tributação incidente sobre factores imóveis A tributação de factores móveis como o capital ou o trabalho, sendo-lhes inerente a mobilidade geográfica, pode incentivar à saída.	***Tributação incidente sobre factores imóveis mas também sobre factores móveis*** Precisamente porque a sua mobilidade é apenas relativa. De facto, por razões de equidade horizontal, o imposto sobre os rendimentos do trabalho, único e progressivo, deve ser lançado pela administração central, para que todos aqueles que se encontram em similitude de circunstâncias paguem o mesmo ao fisco, independentemente

do local de residência. Todavia, a participação em tais impostos, concedendo às entidades locais autonomia (parcial) na sua cobrança fomenta a concorrência fiscal entre jurisdições locais e incrementa a informação do cidadão-eleitor quanto aos recursos que dispensa ao erário público.

As bases tributárias imóveis devem ser diferenciadas no espaço A terra e as edificações são bens cuja oferta é territorialmente fixa e a procura relativamente rígida.	<u>***A diferenciação espacial das bases tributárias imóveis deve acompanhar os recessos da procura, e diversificar-se ante a deslocação das decisões da compra***</u> ...para o arrendamento de imóveis, assim como estimular a requalificação do património edificado – assumindo mesmo uma função punitiva, ante a passividade dos proprietários.
Internalização de externalidades negativas através da tributação de beneficiários de spillovers Tributação de turistas, em zonas de atracção turística, e tributação de movimentos pendulares, sempre tendo por base o princípio do utilizador-pagador. Em alternativa internalização através de transferências financeiras do governo central.	<u>***Internalização dos spillovers pelo incremento de movimentos de associação municipal e criação de autarquias especiais***</u> Sendo de tais associações e entidades as decisões de tributação (não apenas baseada no princípio do utilizador-pagador), e fomentando a independência de transferências governamentais.

Encontrando na descentralização de competências uma presunção de eficiência na provisão de bens públicos, não podemos ter como paradigma dos sistemas fiscais locais o princípio do benefício, ignorante de qualquer ímpeto de redistribuição de rendimentos. A primazia daquele princípio ignora a fraca e diferenciada mobilidade dos factores de produção, e dela não retira consequências ao nível da sua tributação, esquecendo a função de redistribuição dos impostos, hoje associada à capacidade contributiva e não à ideia de troca ou correspondência integral entre os bens públicos percebidos e os tributos pagos.

Veja-se o caso do Regime Jurídico das Taxas das Autarquias Locais, aprovado pela Lei nº 53-E/2006, de 29 de Dezembro. Ao estatuir, nos art. 4º e 5º os princípios da equivalência jurídica e da justa repartição dos encargos públicos, respectivamente, assinala claramente a abertura do conceito de taxa, associando-o a novas finalidades de carácter extra-financeiro, oferecendo amparo legal sólido a uma *preferência clara por uma leitura do princípio da equivalência que coloca o acento tónico na sua componente jurídica, não sendo já a equivalência puramente económica o princípio orientador dos regimes reguladores destes tributos*[67].

Ainda que a questão seja controversa, os referidos preceitos associam a taxa local ao princípio da capacidade contributiva. Como já escrevemos, *da correcta articulação entre os princípios constitucionais da justa repartição dos encargos públicos e da capacidade contributiva nasce a legitimação da cobrança de taxas para o financiamento de entidades públicas. A partir daqui, e sendo certo que a estrutura bilateral e sinalagmática da taxa continua a ser o elemento essencial e distintivo deste tributo face, nomeadamente, ao imposto, a lógica de equivalência entre o quantitativo da taxa e a contraprestação ou benefício decorrente do seu pagamento – princípio da equivalência – não só não reclama uma proporcionalidade estrita entre a taxa paga e o benefício auferido, como suporta finalidades extra-financeiras – realidade que implica, também, uma reponderação entre o princípio da equivalência e o princípio da proporcionalidade*[68].

Também entre nós, o movimento de descentralização de competências em áreas anteriormente reservadas ao Estado, como sejam a educação (encontrando-se desenvolvido no Decreto-Lei nº 144/2008, de 28 de Julho, o quadro de transferência de competências para os municípios em matéria de educação), a saúde, a acção social ou mesmo a segurança (através de programas como a polícia de proximidade e a revisão do Regime Jurídico das Polícias Municipais, que incrementam as suas com-

---

[67] Marta Rebelo, "As taxas municipais e a expansibilidade das receitas próprias das autarquias locais", *Revista de Administração Local*, Nº 204, CEDREL, Lisboa, 2004, pág. 755.

[68] *Idem...*, pág. 757. Sobre esta questão, e nem sempre no mesmo sentido, *vide* a obra de Sérgio Vasques, *Regime das Taxas Locais, Introdução e Comentário*, Cadernos do IDEFF, nº 8, Almedina, 2008.

petências), implica a correspondente descentralização de recursos. A própria LFL prevê no Título VI as regras dinâmicas de transferência de atribuições e competências (art. 52º a 54º), apto à adaptação imediata de descentralização de competências da Administração Central para a Administração Local.

Ora, a actividade pressuposta no exercício destas competências é tradicionalmente financiada pelos impostos nacionais. Nos termos da LFL, foi criado o Fundo Social Municipal, destinado exclusivamente ao financiamento de um conjunto de despesas elegíveis, catalogadas no artigo 24º, nº 2, da LFL, nas áreas da educação, saúde e acção social. Trata-se de um importante instrumento financeiro de descentralização, que tem como objectivo a promoção de uma efectiva igualdade de oportunidades entre os cidadãos nestes domínios, o que explica o seu carácter consignado.

Aliás, subjacente a esta reforma do sistema de financiamento local português está, precisamente, uma leitura renovada da *função de afectação municipal*: o legislador da reforma assumiu um novo paradigma de governação municipal – o *município prestador*.

A recente edição do *Anuário Financeiro dos Municípios Portugueses 2009*, à semelhança do que vem sucedendo em anos anteriores, permite uma interessante análise das principais divisões de despesas programadas nos Planos Plurianuais de Investimentos (PPI), e da sua execução reportada a 31 de Dezembro de 2009, em 210 dos 308 municípios portugueses (o mesmo será dizer em 68,2 por cento dos municípios nacionais).

Uma vez que estes Planos são elaborados de acordo com a classificação funcional, nos termos do Ponto 10.1 do POCAL, as despesas são agrupadas em quatro funções: *funções gerais* (administração geral, protecção civil e polícia municipal); *funções sociais* (educação, saúde, acção social, habitação, serviços colectivos – ordenamento do território, saneamento e abastecimento de água –, cultura e desporto); *funções económicas* (investimentos em agricultura, indústria e energia, transportes e comunicações e comércio e turismo); e *outras funções* (operações de dívida autárquica e transferências entre administrações).

Vejamos a distribuição global da despesa por cada função:

	Pequenos	Médios	Grandes	Total
Funções gerais	9%	9%	11%	**10%**
Funções sociais	**55%**	**57%**	**62%**	**57%**
Funções Económicas	**34%**	**31%**	**25%**	**30%**
Outras Funções	2%	3%	3%	**3%**
Total	**100%**	**100%**	**100%**	**100%**

Fonte: *Anuário Financeiro dos Municípios Portugueses 2009*, Quadro 3.44

Conclui-se, então, que *as funções sociais são as que mais representatividade têm no PPI, destacando-se para as mesmas, em média, 57% dos investimentos. Nos grandes municípios esta proporção subiu para 62% e nos pequenos baixou para 55%. As funções económicas das autarquias absorveram, em média, 30% dos investimentos. Contudo, o peso destas despesas, no PPI, variou entre 25% nos grandes municípios e 34% nos municípios de pequena dimensão*[69]. Observemos.

---

[69] *Anuário Financeiro...*, ob. cit., pág. 131.

	2009				2008	2007
Categorias	Pequenos	Médios	Grandes	Total	Total	Total
Ensino não superior	21%	25,3%	29,2%	25,3%	12,5%	12%
Serviços auxiliares de ensino	0,2%	0,2%	0,4%	0,3%	0,3%	0,2%
Saúde	0,8%	0,7%	0,7%	0,7%	0,7%	1,5%
Acção social	1,5%	0,6%	1,8%	1,2%	1,2%	1,7%
Habitação	4,3%	4,6%	9,6%	6%	10,1%	7,5%
Ordenamento do Território	22,1%	21,1%	21,9%	21,6%	21,5%	21,8%
Saneamento	8,2%	8,8%	2,7%	6,9%	8,3%	10,3%
Abastecimento de Água	6,6,%	7,7%	1%	5,4%	5,5%	8,2%
Resíduos Sólidos	1,3%	1,2%	1,6%	1,4%	1,3%	1,2%
Protecção do Meio Ambiente	6,1%	8,2%	13,6%	9,2%	10,2%	9%
Cultura	11,4%	8%	6,4%	8,5%	12,1%	11,6%
Desporto e lazer	16,1%	13,3%	11,1%	13,4%	16,2%	14,8%
Outras actividades	0,5%	0,1%	0,1%	0,2%	0,3%	0,2%
Total	**100%**	**100%**	**100%**	**100%**	**100%**	**100%**

Fonte: *Anuário Financeiro dos Municípios Portugueses 2009*, Quadro 3.45[70]

[70] Os autores analisam este quadro do seguinte modo: *o quadro 3.45 mostra a distribuição do investimento em funções sociais, por categorias de acções. Há uma categoria que se destaca de todas as outras. É a que corresponde a projectos e acções de ordenamento de território e reabilitação urbana e rural, a qual absorveu, em média, 21,8%, das despesas nesta função.*
Os gastos com o desporto e lazer estão em segundo lugar na lista das despesas sociais, com o peso de 13,4%, o qual representa uma ligeira descida em relação a 2008, de 2,8 pp. Estas actividade autárquica, do ponto de vista financeiro tem adquirido, nos municípios de pequena dimensão, um peso significativo representando, em 2009, 16,1% do investimento realizado nesta função.
Outras categorias das Funções Sociais como a protecção ao meio ambiente e cultura, em 2009, apresentaram, valores de consumo, cujo peso médio, no total do investimento nesta função, foi respectivamente de 9,2% e 8,5%, embora os comportamentos por grupos de municípios tivessem variado de forma significativa. Assim a protecção ao meio ambiente, nos municípios de grandes dimensões ultrapassa o peso médio, adquirindo uma relevância de 13,6%. O mesmo se passa em relação à cultura que assume o peso de 11,4% (+ 3 pp), nos municípios de pequena dimensão.

Por outro lado, não nos distanciaremos da lógica ao afirmar que, havendo descentralização acompanhada dos recursos financeiros respectivos, deve prever-se uma margem de co-responsabilização nas decisões financeiras ao nível da angariação de receitas – o que veio a suceder no âmbito da *participação variável de 5% no IRS dos contribuintes com domicílio fiscal no município, com possibilidade deste atribuir «deduções fiscais»*, abdicando de receitas e realizando, então, despesas passivas (art. 19º, nº 1, al. c), e 20º, da LFL).

O que nos convoca para reler, de modo actualista, a função redistribuição no quadro de repartição de competências entre o Estado e as entidades locais. Tarefa a que também as finanças federativas, as finanças metropolitanas e as finanças locais integradas oferecem respostas.

1.1.2. Função de redistribuição

No âmbito da função de redistribuição, vimos já que a leitura clássica do esquema de Musgrave leva à desoneração das entidades infra-estaduais da redistribuição e prossecução da justiça fiscal, devendo esta função ser prosseguida de forma centralizada, sob pena de geração de ineficiências. O sistema fiscal deverá ser unitário e progressivo, justo, baseado na capacidade contributiva, e tal justiça fiscal, aparentemente, só poderá ser alcançada a nível estadual.

Mais uma vez se verifica que o grupo dos grandes municípios apresenta um padrão de distribuição funcional diferente dos outros dois grupos, como aliás se verificou para os investimentos em protecção do meio ambiente. Outros exemplos a citar serão: os investimentos em habitação que, embora tenham apresentado um peso médio de 6%, nos grandes municípios essa representatividade passou para 9,6%; os investimentos no ensino não superior que apresentaram um peso médio de 25,3% na estrutura da despesa de funções sociais, mas que relativamente ao grupo dos grandes municípios assumem uma importância de 29,2% (idem..., pags. 131-132).
Salientam depois João Carvalho, Maria José Fernandes, Pedro Camões e Susana Jorge, indo pois de encontro ao que apontámos relativamente ao novo paradigma de governação municipal – o município prestador, e não já aquele que infra-estrutura – que *ao contrário, os investimentos em saneamento e abastecimento de água nos grandes municípios têm um peso ínfimo (2,5% e 1% respectivamente) na estrutura da despesa, por comparação com os valores relativos atingidos nos pequenos e médios (mais elevados 6 pp). O peso inferior dos projectos de infra-estrutura de primeira necessidade é inteiramente compreensível, pois os municípios grandes são os mais robustos financeiramente, o que lhes permitiu resolver essas lacunas há mais anos (idem..., pág. 132).* Ainda que apresentando disparidades de investimento, a mediana da despesa com saneamento e abastecimento de água dos pequenos e dos médios municípios não ultrapassa os 8,2%/6,6% e 8,8%/7,7%, respectivamente.

Entre nós, Joaquim Freitas da Rocha, analisando as finanças locais actuais, produto já da reforma de 2007, afirma não ser aconselhável que as autarquias locais se dediquem à realização de despesas de natureza redistributiva *como subsídios ou abonos, em face dos inconvenientes da mobilidade territorial*, pois *a consecução de uma política redistributiva autárquica poderia ter como consequência um* efeito de deslocação (Voting by feet)[71].

Todavia, fizemos já defesa, no ponto anterior e em escritos menos recentes que, esquecendo-se a função redistributiva, no financiamento local, *maxime* tributário, geram-se mesmo *iniquidades distributivas*: as entidades locais ficam *excessivamente dependentes das transferências intergovernamentais, que deveriam limitar-se ao reajustamento da equivalência fiscal (recebendo os cidadão cabazes de bens públicos estaduais e locais, devem pagar tributos a cada uma dessas jurisdições em valor equivalente à quantidade ofertada; se a cobrança dos impostos for efectuada por jurisdição distinta da provedora dos bens, deve aquela restaurar a equivalência, através de transferências), e optam por outras bases tributárias,* maxime *móveis, a mais das vezes numa relação de partilha com a administração central*[72], sem que tal resulte em incrementos de autonomia financeira ou gestionária de tais receitas tributárias.

Não vai sendo o sucedido no nosso regime financeiro local, que promove, ainda com certa timidez, a natureza redistributiva da decisão financeira local e da consequente provisão de bens. A LFL atribuiu aos municípios, observámos já, *a gestão de uma parcela variável de (até) 5% sobre a colecta de IRS gerada no município*, o que permite a definição de políticas fiscais municipais e fomenta a competição fiscal intermunicipal.

Verifica-se, pois, uma tendência para conferir uma dimensão territorial à conformação do princípio da igualdade fiscal, desenvolvendo-se siste-

---

[71] Continua o Professor do Minho, explicitando que *tal efeito verificar-se-ia num duplo sentido: por um lado, os potenciais beneficiários dos instrumentos de redistribuição (bolsas, subsídios, abonos, etc.) tenderiam a mudar o seu domicílio pessoal ou profissional para as Autarquias mais generosas; por outro lado, quem não aproveitasse muito desses bens e fosse contribuinte líquido – isto é, que apenas pagavam tributos e nada recebiam a título de prestações sociais ou equivalentes – procuraria fixar-se nas Autarquias que menos dinheiro gastassem neste tipo de despesas* (Direito Financeiro Local (Finanças Locais), Série Estudos Regionais e Locais, CEJUR e NEDAL, Janeiro de 2009, pág. 97). Todavia, vimos já que os dados mais recentes coligidos no citado *Anuário Financeiro dos Municípios Portugueses 2007*, contraria esta ideia, ante a percentagem de despesa social programada e executada em Planos Plurianuais de Investimentos.

[72] *Descentralização...*, págs. 141-142.

mas de descentralização territorial de competências fiscais ao nível dos impostos nacionais. Esta tendência foi acentuada pela integração comunitária e conheceu um impulso decisivo com a aprovação do Pacto de Estabilidade e Crescimento, na medida em que este limitou as políticas orçamentais dos Estados que integram a União Económica e Monetária.

Como salienta Eduardo Paz Ferreira, vigora, hoje, um ***princípio de co-responsabilização financeira***: o *fine-tuning* da carga tributária, ante a capacidade contributiva real de cada indivíduo, deverá passar, também e cada vez mais, pelas entidades infra-estaduais – a situação económica de cada contribuinte resulta do somatório dos bens públicos e privados na sua disponibilidade, e o desenho concreto do sistema fiscal baseado na capacidade contributiva depende de uma relação causal justa e equitativa entre os encargos fiscais sustentados pelo indivíduo e os benefícios que aufere, em troca, decorrentes da iniciativa pública – que também é, em crescendo, local[73].

As *finanças locais* que propomos – à escala associativa/federativa, metropolitana e municipal integrada – edificam-se, veremos, sobre este postulado de co-responsabilidade financeira.

1.1.3. Função de estabilização

Finalmente, a doutrina Musgraveana advoga a centralização do cumprimento das políticas relativas à função de estabilização, pois a estabilidade de preços depende da política monetária e económica nacional, apresentando os choques cíclicos um escopo nacional (simétricos do ponto de vista local). Será, pois, um plano de reserva estadual.

Trata-se, é certo, de um domínio no qual o Estado define o ambiente macroeconómico, mas ao qual os municípios estão associados, de forma passiva: o cálculo preciso do Fundo de Equilíbrio Financeiro (FEF), tal como consagrado no art. 19º, nº 1, al. a), da LFL, depende da conjuntura macroeconómica que, através de estabilizadores automáticos, se reflecte na colecta dos três impostos que compõem aquela transferência.

No período de vigência da Lei nº 42/98, de 6 de Agosto – a anterior Lei das Finanças Locais – esta associação passiva teve, realmente, um

---

[73] Em Parecer inédito, de Dezembro de 2007, sobre a constitucionalidade do art. 19º da (à época Projecto) Lei das Finanças Locais.

impacto quase nulo nas decisões financeiras dos municípios pois, à luz do seu art. 14º-A (disposição aditada pela Lei nº 94/2001, de 20 de Agosto), o sistema de crescimentos mínimos garantidos tinha um efeito de neutralização.

A Lei nº 2/2007 veio consagrar a regra de adequação das receitas subvencionadas (o FEF) ao ciclo económico, em termos globais, permitindo depois ajustamentos internos, pela associação das variações máximas, positivas e negativas, à situação do município em termos de capitação de impostos locais, face à Capitação Média Nacional (fluxo interno, na medida em que global ou primariamente sucede a adequação ao ciclo económico). Todavia, tivemos já oportunidade de verificar o *estado da arte* no que respeita ao edifício actual das nossas finanças locais.

O legislador veio, assim, associar os municípios, de forma nítida, à realização da função estabilização, classicamente reservada ao Estado mas no âmbito da qual a LFL indicava já que os municípios também participavam, através da *coordenação das finanças locais com as finanças estaduais*, estatuída no art. 5º, nº 1, da LFL, tendo *especialmente em conta o desenvolvimento equilibrado de todo o País e a necessidade de atingir os objectivos e metas orçamentais traçados no âmbito das políticas de convergência a que Portugal se tenha obrigado no seio da União Europeia. Esta coordenação é efectuada através do Conselho de Coordenação Financeira do Sector Público Administrativo, sendo as autarquias ouvidas antes da preparação do Programa de Estabilidade e Crescimento e da Lei do Orçamento do Estado* (art. 5º, nº 2).

Ora, retomemos o ponto 3.14 do ME, que reclama a apresentação de uma proposta de lei de alteração à LFL até ao final de 2011, tendo em vista a sua adequação aos novos princípios e regras estabelecidos na LEO, nomeadamente no que toca (i) à inclusão de todas as entidades públicas relevantes no perímetro do governo local; (ii) à previsão plurianual de despesas, ao equilíbrio orçamental e regras de endividamento e à orçamentação por programas; e (iii) *à interacção com as funções do Conselho das Finanças Públicas*. Analisámos, aliás, esta questão *interactiva* aquando da análise levada a cabo no capítulo 5 da Parte II deste estudo.

De modo distinto, mas contrabalançando o argumento clássico da diminuta capacidade de endividamento dos municípios, o que os apartaria de cenários redistributivos e sobretudo estabilizadores, as novas regras de endividamento municipal, que não podem deixar de ser lidas no contexto do cumprimento de metas nacionais exigidas pelo Pacto de Estabilidade e Crescimento, aliam os municípios à função de estabilização.

Vejamos o seguinte: é verdade que *a estabilização económica pode, pois, ser interpretada como um seguro para o qual os cidadãos se dispõem a contribuir com os seus impostos, permitindo ao governo desencadear políticas orçamentais anticiclícas. Em geral, a função estabilização deve pertencer ao governo central. A razão desta recomendação está na mobilidade interjurisdicional. Se um governo subnacional expande a sua despesa para contrariar uma recessão local, é de esperar que uma parte do estímulo à oferta passe a fronteira e vá antes beneficiar o emprego e o rendimento das jurisdições vizinhas. Esta «fuga» acontece na medida em que parte dos bens e serviços consumidos localmente é produzida no exterior – a e economia local é aberta. Nestas circunstâncias, a comunidade local pagaria o custo total da política anticíclica mas só receberia uma fracção dos respectivos benefícios, uma fracção tendencialmente pequena quanto mais aberta for ao exterior a economia local for*[74].

Ora, assumimos também como verdadeira a consequência, pois *inevitavelmente, o nível de estabilização local (isto é, a quantidade de seguro) seria inferior ao socialmente óptimo. No fundo, há uma externalidade interjurisdicional positiva associada à estabilização desencadeada por uma autoridade subnacional; como sucede, em geral, com qualquer externalidade positiva, o nível de provisão é inferior ao que seria eficiente. É sabido que o grau de abertura de uma economia é, em geral, tanto maior quanto menor ela for e é por este motivo que a função de estabilização é pouco eficaz se for desempenhada por governos que tenham apenas jurisdição sobre territórios tão pequenos como os municípios ou as regiões portuguesas*[75].

Se concordamos com a premissa da inexistente escala dos nossos municípios para o exercício de uma *estabilização local* eficiente, o mesmo não se passará no âmbito de associações de municípios e de autarquias especiais como as áreas metropolitanas (ainda que, sublinhando a discordância com os autores citados, a sua dimensão espacial óptima, como a definiremos

---

[74] Rui Baleiras e José da Silva Costa, "Finanças e fiscalidade regional e local", *Compêndio de Economia Regional*, Coordenação de José da Silva Costa e Peter Nijkamp, Principia, 2009, pág. 730.

[75] *Idem…* Continuam os autores: *adicionalmente, devemos notar que as economias subnacionais constituem normalmente um espaço económico bastante integrado, pelo que os respectivos ciclos económicos tendem a apresentar correlações positivas elevadas. Por outras palavras, os estados bons e maus da natureza têm expressão nacional, quando não mesmo internacional, pelo que a suavização eficiente dos ciclos reclama um seguro concebido à escala nacional.*

adiante, não atinja a das *regiões* – entendidas aqui como *distritos*). Mediante uma repartição justa de recursos entre o Estado e as associações/áreas metropolitanas, a edificação sustentada de uma fiscalidade federativa/ /metropolitana directa e o exercício de uma co-responsabilidade financeira entre o nível central e o nível associativo/metropolitano, adquirida a escala, poderemos falar de uma *estabilização regional*. Que, ao menos, valerá sempre em interactividade com o «seguro de estabilização nacional».

Não é despiciendo, contudo, atentar no seguinte quadro de despesas municipais com funções económicas incluídas nos Planos Plurianuais de Investimento de 210 dos nossos municípios:

Categorias	2009				2008	2007
	Pequenos	Médios	Grandes	Total	Total	Total
Agricultura, Pecuária e Pescas	3,2%	0,5%	0%	1,3%	2,1%	1,2%
Indústria e Energia	7,7%	7,6%	6,1%	7,3%	9,5%	8,4%
Transportes e Comunicações	75,4%	83,5%	86,8%	81,7%	76,8%	77,7%
Comércio e Turismo	11,5%	7%	6,6%	8,3%	9,8%	11,6%
Outras Funções	2,1%	1,4%	0,5%	1,4%	1,8%	1,1%
Total	**100%**	**100%**	**100%**	**100%**	**100%**	**100%**

Fonte: *Anuário Financeiro dos Municípios Portugueses 2009*, Quadro 3.46[76]

[76] Ob. cit., pág. 133. A este respeito referem os autores que *o Quadro 3.46 permite analisar as despesas económicas, salientando-se que, ao contrário do grupo anterior* (funções sociais), *há uma diferença clara relativamente a cada um dos três grupos. Sem surpresa, a categoria que ocupa uma percentagem maior são os investimentos em transportes e comunicações, com uma média de cerca de 81,7%, bastante superior ao do ano anterior (76,8%), sendo claro que, quanto maior é o município, maior é o peso percentual desta rubrica. No grupo dos de grande dimensão o valor foi de 5 pontos percentuais acima da média.*
Relativamente às categorias funcionais com menor peso, agricultura, pecuária e pescas, quanto menor é a dimensão dos municípios, maior é o seu peso percentual. O valor atingiu um máximo de 3,2% no grupo de menor dimensão, exactamente porque é o grupo dos municípios mais rurais. A mesma relação se verifica nos projectos ligados ao comércio e turismo, com maior peso nos pequenos municípios.
Por último, relativamente à indústria e energia, o maior peso continua a observar-se no grupo de pequena dimensão (7,7%), pese embora seja um grupo mais rural e de pendor menos industrial.

1.2. A reorganização municipal pelos ganhos integrados de escala e pela cooperação: as finanças federativas, metropolitanas e integradas

A reorganização administrativa dos municípios deve, naturalmente, ser tributária dos clássicos instrumentos de geografia natural e humana. Todavia, estes *drivers* de reorganização nada serão se desconsiderada a necessidade de encontrar os óptimos dimensionais financeiros para a reforma administrativa do território e, bem assim, para a extinção e fusão de municípios que o plano de ajustamento de 2011 aponta e que, é nossa opinião, a racionalidade territorial, social e financeira reclama. A dimensão óptima no quadro da reorganização administrativa, entendemos, deve encontrar-se, também e de forma ineficiente sem esta, pela sua dimensão financeira. Ou seja, o óptimo financeiro espacial será aquele que preconiza o encontro entre as necessidades de provisão pública e a eficiência de custos, *maxime* o respectivo modo de financiamento da despesa estimulada pela actividade pública produtora e prestadora.

Resulta claro para nós decorrer do ME que Portugal se verá na contingência de expandir fronteiras paroquiais e municipais pela diminuição destas circunscrições territoriais – embora pareça já decorrer da acção do governo e do debate em curso não ser um acontecimento seguro. Quanto aos municípios, como observámos, o regime de associativismo municipal relaciona o modelo de associação ao quadro das NUTS III, quando se trata de Comunidades Intermunicipais (CIM): ou seja, de associações de municípios de fins gerais. Já quando se trate da prossecução integrada de finalidades concretas, as associações de municípios de fins específicos (doravante designadas por AMFE) não obedecem a restrições de número ou de fronteira.

Das 28 NUTS III temos necessariamente, por imperativo legal, de retirar aquelas que correspondem à Grande Lisboa e Península de Setúbal, bem como ao Grande Porto e Entre-Douro e Vouga, por constituírem as Áreas Metropolitanas de Lisboa e do Porto (AML e AMP), respectivamente. Os municípios integrantes destas quatro NUTS III estão, então, excluídos do âmbito de possibilidade voluntarista de criação de CIM. Já assim não será no que concerne a AMFE.

Resulta, então, que o quadro de possibilidades de associação municipal com finalidade múltipla será constituído, no limite, por 24 CIM, a par de duas associações de municípios *especiais*, a AML e a AMP. Naturalmente, o quadro espacial óptimo não nos conduz a uma redução tão drástica do número de municípios. Mas o associativismo municipal pode oferecer potencialidades de provisão pública e de eficiência de custos – precisamente o que buscamos, e aqui sem margem para hesitação, por imperiosa reclamação do ME – que não podemos ignorar. Chamando à colação, com igual destaque, as AMFE. Mas abandonando o carácter integralmente voluntarista que caracterizou a já analisada *reforma administrativa* de 2003.

Na nossa perspectiva, o **ponto de partida para a reorganização administrativa do território**, em **busca da dimensão financeira óptima dos municípios** e, bem assim, **do seu óptimo espacial definitivo**, deve ser o seguinte:

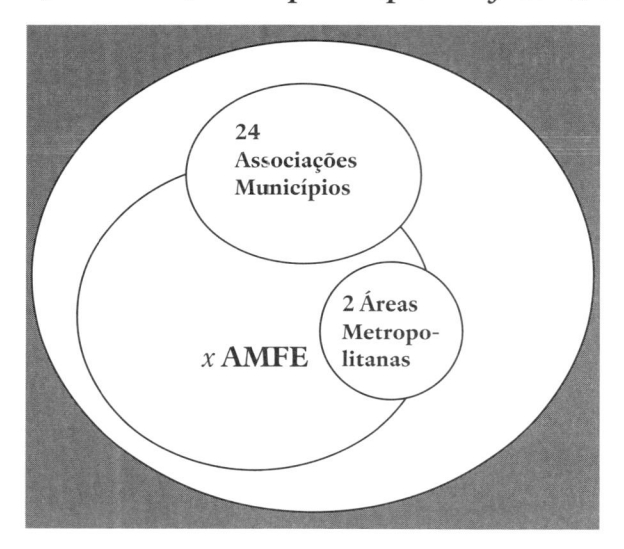

No quadro da autonomia municipal, mas abdicando então de princípios de voluntarismo que o ME e a racionalidade de modelação nos obriga a afastar, e assumindo nós que a criação das regiões administrativas mais não será, a breve trecho, que uma miragem, três princípios essenciais devem presidir à reestruturação das nossas circunscrições territoriais de nível municipal – ainda que para tal sejamos levados, também, ao nível supramunicipal:

1) Criação de 24 federações de municípios, constituídas necessariamente pelos municípios que correspondam a cada uma das NUTS III, excluindo aqueles que integram a AML e a AMP – a que chamaremos **princípio da integração federativa**;

2) Criação das áreas metropolitanas com o estatuto que a Constituição lhes oferece de autarquias especiais, e não apenas com o estatuto que legalmente lhes é conferido de associações especiais de municípios – *princípio da integração metropolitana*;
3) Fomento da criação, num primeiro momento, de AMFE, como quadro de definição subsequente da extinção de municípios por fusão – *princípio da especialização integrada*;

Neste primeiro momento de definição da dimensão financeira óptima dos municípios, este quadro espacial permite o encontro de duas medidas essenciais ao óptimo financeiro de integração: a escala e a cooperação. Tendo, todavia, presente que do exercício que propomos, subsequentemente quer as CIM quer as AM sofrerão, no seu interior, redefinições territoriais pela consequente fusão municipal que assim se enceta.

Vejamos em particular a lógica subjacente e a dinâmica financeira de cada um destes princípios.

1.2.1. Princípio da integração federativa e as finanças federativas

Uma integração municipal, expurgada da base voluntária que, de facto mas não como exclusivo, se relaciona ao associativismo, revela-se imperiosa, na fase actual da vida do municipalismo português. Veremos de imediato em que termos jurídico-constitucionais, sem arrepio ao princípio da autonomia local.

A verdade é que, pese embora os desenvolvimentos relevantíssimos, na óptima da nossa construção, que elaboraremos no ponto 1.2.3., nem mesmo uma reorganização administrativa do território municipal que reconfigure os municípios como óptimos dimensionais – provisional e financeiramente – oferece resposta cabal à *supramunicipalidade da vida local*. Parecendo esta afirmação um contra-senso, eis a razão pela qual nela encontramos sentido: os municípios têm de reconhecer que respostas articuladas a problemas que extravasam as suas circunscrições e envolvem, em igual grandeza, as jurisdições limítrofes são indutoras de enorme eficiência prestadora e, bem assim, de qualidade na vida das suas populações.

Tal como Rui Baleiras, entendemos que a colaboração entre municípios encontra tamanho sentido quanto dela resultem ganhos de eficiência para o todo nacional, que se conseguem *se o exercício de competências por parte de uma associação de municípios, em vez de ser prosseguido individualmente pelos municípios membros ou pela Administração Central permitir o aproveitamento de economias de escala, o aproveitamento de economias de âmbito ("scope"), a internalização de externalidades intermunicipais, a redução de despesa pública nacional por unidade de serviço prestado (eficácia) ou a melhor satisfação de diversidades espaciais (preferências e restrições orçamentais) na procura de serviços públicos*[77]. Contudo, devemos notar *que, em geral, a magnitude ou relevância dos argumentos varia de acordo com as competências, pelo que, em teoria, a dimensão óptima das associações deverá depender das competências que exercerem*[78].

Somos em crer que o actual quadro de atribuições das CIM, extremamente moldado (e limitado) pela possibilidade de participação na gestão de programas de apoio ao desenvolvimento regional, designadamente no âmbito do Quadro de Referência Estratégico Nacional (o QREN, nos termos da al. c), do nº 1 do artigo 5º da Lei nº 45/2008), pode conhecer uma expansão importantíssima, através, numa primeira aproximação, da modificação da estatuição do nº 2 do artigo 5º do regime jurídico do associativismo municipal. Aquele preceito prevê caber às CIM o assegurar da articulação das actuações entre os municípios e os serviços da administração central num conjunto de áreas, a saber:

- Redes de abastecimento público, infra-estruturas de saneamento básico, tratamento de águas residuais e resíduos urbanos;
- Rede de equipamentos de saúde;
- Rede educativa e de formação profissional;
- Ordenamento do território, conservação da natureza e recursos naturais;
- Segurança e protecção civil;
- Mobilidade e transportes;
- Redes de equipamentos públicos;
- Promoção do desenvolvimento económico, social e cultural;
- Rede de equipamentos culturais, desportivos e de lazer.

Ora, estamos precisamente ante um conjunto de questões de resolução óptima no âmbito supramunicipal. Nem uma escala municipal rede-

---

[77] "Finanças Municipais", *Seminário da Presidência da República*, Junho, 2004, págs. 59-60.
[78] *Idem...*, pág. 60.

finida (e, bem assim, expandida) como óptimo para a provisão e financiamento de bens públicos **municipais** será o óptimo espacial para a provisão de bens públicos e semipúblicos inerentes àquelas actividades – bens públicos **intermunicipais**, portanto. Porquê? Porque apenas entidades de matriz macro-municipal podem agir de forma eficiente no domínio da gestão de redes, mobilidade e planeamento integrado.

Observámos já que a Constituição abre portas a três formas de redimensionamento municipal por unificação vertical: a associação, a federação e a contratualização. É na federação que, no âmbito do princípio da integração federativa (como a própria designação sugere), nos concentramos. A federação municipal implica a constituição pela lei de um nível de administração supramuncipal que compreende o exercício integrado de competências transferidas dos municípios, mas também da administração central. Instituem-se, pela constituição de federações de municípios, estruturas baseadas em princípios de solidariedade e de integração acentuada que podem, inclusive, ser legitimadas electivamente, compreendendo uma gestão estável e funcional. A federação, afirma José António Santos, *é normalmente uma séria alternativa à fusão*[79].

Distinguem-se das associações de municípios na medida em que estas correspondem, como analisámos no capítulo 2.1. da Parte II deste estudo, a entidades livremente criadas e dissolvidas pelos municípios participantes, envolvendo um conjunto muito variado de formas institucionalizadas de colaboração. As federações têm inerente um carácter de obrigatoriedade na sua constituição que a distancia, então, daquelas.

Actualmente, entre nós, o regime jurídico das áreas metropolitanas de Lisboa e do Porto, vertido na Lei nº 46/2008, de 27 de Agosto, parece desenhar aquelas entidades como associações de municípios *especiais*, porquanto a sua área geográfica e municípios integrantes estão legalmente tipificados e a lei parece indicar a sua constituição obrigatória. De facto, o nº 1 do art. 2º parece não deixar margem criativa ou *associativa* aos municípios que municípios que integram as NUTS III da Grande Lisboa e da Península de Setúbal (AML), e as NUTS III do Grande Porto e Entre o Douro e Vouga (AMP). No mesmo sentido parece apontar o nº 2 do mesmo preceito, quando diz que *os municípios das áreas metropolitanas de*

---

[79] "O Associativismo...", ob. cit., pág. 326.

Lisboa e do Porto podem integrar associações de municípios de fins específicos, nos termos do regime do associativismo municipal – AMFE e apenas esta, excluídos portanto da participação em CIM.

Repare-se que a federação de municípios, do ponto de vista económico e decisório, coloca-se entre a associação e a institucionalização de regiões administrativas, tal como o nosso ordenamento constitucional as prevê. Se a natureza absolutamente voluntária das associações municipais tem subjacente a sua configuração como espaço óptimo para a provisão de *bens de clube*[80], a federação acrescenta-lhe a solidez da forma de exercício de competências efectivamente transferidas, ampliando o óptimo espacial à provisão também de bens públicos intermunicipais. Mais, o desenho federativo pode oferecer também uma optimização decisória – quando presente o factor electivo –, e financeira, pois o binómio competência-financiamento ganha aqui uma dimensão de efectividade de que os instrumentos tipicamente utilizados pelas associações de municípios não dispõem. Aliás, a solidez de um quadro federativo representa ganhos efectivos de escala.

---

[80] Como escrevemos no capítulo 2.1. da Parte II deste estudo, os *clubes* formam-se pela associação voluntária de indivíduos de preferências iguais para partilharem custos de um serviço colectivo.

Como é que o princípio da integração federativa, pela constituição de 24 federações

de municípios, tem impacto no redimensionamento horizontal

(maxime, na fusão de municípios)?

24 Federações de Municípios

(28 NUTS III – os municípios que

integram 4 NUTS III/ AML e AMP)

Transferências de competências dos municípios, nas áreas de atribuições das federações

↓

Municípios esses que não têm dimensão adequada para a provisão eficiente dos bens públicos correspondentes, mesmo que redimensionados horizontalmente de acordo com o princípio da especialização integrada

Transferência de competências da administração central, nas áreas de atribuições das federações

↓

Competências que não seriam transferidas para os municípios por este não conhecerem escala e/ou dimensão óptima para a sua provisão eficiente, ainda que redimensionados horizontalmente de acordo com o princípio da especialização integrada

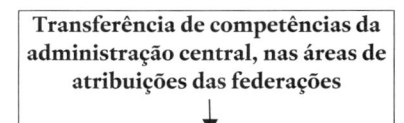

Alternativa à fusão?

Impacto

macro-regional (planeamento)

Deixa espaço precisamente para o princípio da especialização integrada, pois ao desvincular os municípios da provisão de bens públicos para a qual não têm dimensão funcional e financeira adequada à sua prossecução eficiente, deixa terreno fértil para a especialização integrada e impacta, deste modo no redimensionamento horizontal (fusão) e no novo modelo fronteiriço

Vejamos sucintamente – observámos já que o escopo limitado deste estudo não se compadece com uma analítica comparativa profunda – o que o direito comparado nos oferece. Em França, através da lei de 31 de Dezembro de 1966, o legislador criou a «comunidade urbana», forma de cooperação voluntária entre municípios com determinadas características populacionais e de localização. Todavia, apesar do voluntarismo inerente à figura, *a lei criou quatro comunidades urbanas, impondo-lhes o respectivo regime: Bordéus, Lille, Leão e Estrasburgo. As atribuições da «comunidade urbana» são muito mais amplas do que as do «distrito» e as da «associação de municípios» e são de duas espécies: umas de natureza obrigatória isto é, que são transferidas automaticamente pela lei, e que compreendem os planos de modernização, de equipamento, de urbanização, a criação e o equipamento de novas zonas habitacionais ou industriais com os estabelecimentos de ensino, as protecções contra incêndios, os transportes urbanos, o abastecimento de água, etc.; outras de natureza facultativa, ou seja, que podem ser voluntariamente transferidas ou não para a «comunidade urbana» (equipamentos culturais, desportivos, sanitários, etc.)*[81].

À semelhança das referidas «comunidades urbanas» francesas obrigatórias, as federações de municípios devem dispor de receitas próprias num esquema que ultrapasse a transferência *descendente* e *ascendente* das receitas inerentes às competências transferidas pela administração central, no primeiro caso, e pelos municípios, no segundo. Uma das soluções que preconizamos para as finanças locais integradas é a possibilidade de os municípios participarem directamente em impostos estaduais, para além do IRS – não se tratando portanto de transferências financeiras de repartição de recursos públicos mas de esquemas de participação como a relativa ao IRS, prevista no art. 20º da LFL. Ora, as federações, no sentido de disporem de uma *fiscalidade federativa directa*, devem poder criar adicionais sobre os impostos em que os municípios *participam* através das transferências financeiras – impostos estaduais, portanto. Mas deve assistir-lhes, igualmente, o poder de criarem adicionais sobre os impostos municipais.

Vejamos melhor esta questão das ***finanças federativas***. A fonte primária de financiamento das federações de municípios será, naturalmente e

---

[81] Fernando Alves Correira, *Formas Jurídicas de Cooperação Intermunicipal*, Coimbra, 1986, pág. 37.

como apontado, decorrente da dinâmica descendente e ascendente de competências, pois acompanhando estas surgem indissociáveis as receitas que possibilitam a sua execução. Todavia, conforme avançamos na integração, avançaremos também no sentido de uma maior densificação deste movimento de transferência de receitas, sobretudo no que respeita àquelas que surgem transferidas da administração central para as federações.

Uma primeira observação óbvia decorre da diferente tipificação das 24 federações de municípios consequentes da nossa proposta. O financiamento dos municípios parte de dois pilares estruturais: a existência de despesas comuns, cuja volumetria é uma variável ponderada de acordo com critérios objectivos legalmente tipificados; e a existência de assimetrias entre as circunscrições municipais, reclamando então um financiamento solidário dirigido à coesão. Para o primeiro propósito encontramos o Fundo Geral Municipal (FGM, enunciado no art. 22º da LFL), e para o segundo o Fundo de Coesão Municipal (FCM, contemplado pelo art. 23º da LFL), parcelas do genérico Fundo de Equilíbrio Financeiro (FEF, *v. g.* art. 21º da LFL). Ou seja, os municípios apresentam graduações de desenvolvimento díspares. E as suas federações assimilarão, embora tendencialmente atenuando, essas diferenças de progresso.

É que atentando no elenco do art. 5º, nº 2 do regime do associativismo municipal, que nos serve de base de extrapolação, e cruzando tais áreas de atribuição com a realidade nacional, encontramos com facilidade essas destrinças no grau de desenvolvimento local e o seu contágio ao nível federativo. Exemplificando, a federação de municípios do Baixo Interior Norte apresentará necessidades de desenvolvimento, investimento e coesão distintas daquelas que carecerá a federação do Baixo Mondego. Claro está que o nível supramunicipal é, precisamente porque permite ganhar escala e gerar respostas de maior eficiência produtora e prestadora, um antídoto parcial à diferente graduação de desenvolvimento do país. Mas apenas parcial. Nem o princípio da integração federativa, nem o princípio da especialização integrada, ainda que simultaneamente actuantes, eliminam as assimetrias. São instrumentos de correcção. E sê-lo-ão em maior proporção consoante o molde de financiamento que lhes oferecermos.

Serve isto para dizer que no relacionamento financeiro entre a administração central e as federações de municípios podemos ir para além da mera transferência do envelope financeiro devido pelas competências envolvidas, e partir para esquemas de repartição de recursos que atendam à generalidade inerente à forma de execução de certas competências, e à solidariedade subjacente ao modo de concretização de outras. As federações de municípios não serão, claro está, simétricas. O direito comparado, *maxime* o ordenamento mais complexo e, permitam-nos, mais ordenado, dos nossos vizinhos ilustra jurídica e financeiramente esta ideia em inúmeras concretizações do seu modelo de organização territorial.

Finalmente, e num último patamar de integração federativa, as federações podem vir a ser o espaço óptimo para a cedência de impostos estatais, num exercício de co-responsabilidade fiscal que carece de autonomia política. A existência de órgãos decisórios dotados de legitimidade electiva seria aqui fundamental. Neste ponto, aproveita o que diremos em seguida a respeito das finanças metropolitanas[82]. Não sem antes referir, com Maria d'Oliveira Martins, que *o esforço de agregação sentido ao nível autárquico que as associações de municípios representam procura, sobretudo, pôr cobro às ineficiências geradas por certas decisões isoladas, sem pensar naquilo que está a ser feito na(s) área(s) contígua(s). No entanto, a falta de poder político próprio, baseada na inexistência de órgãos eleitos, faz com que essas entidades não consigam muitas vezes nem resolver alguns impasses na articulação entre as autarquias que integram, nem angariar as receitas suficientes para os projectos que quereriam implementar*[83].

Finanças federativas – **Quadro síntese**

Repartição primária de recursos entre o Estado/ /municípios e as federações	Transferência do envelope financeiro directamente correspondente às competências centrais e municipais transferidas
Repartição justa de recursos entre o Estado e as federações	Criação de mecanismos de transferência participativa de recursos, atendendo à natureza genérica da

[82] Como afirma Rui Baleiras, é *de salientar que às associações é vedado o lançamento de impostos. Isto faz todo o sentido porquanto os órgãos de governo destas instituições não têm legitimidade democrática directa* ("Finanças...", ob. cit., pág. 62).
[83] *Lições de Finanças...*, ob. cit., pág. 107.

	execução de certas competências e, por outro lado, à necessária coesão inerente às assimetrias federativas
Fiscalidade federativa directa	• Princípio do benefício: sistema de taxas federativas • Possibilidade de as federações criarem adicionais sobre os impostos municipais • Possibilidade de as federações criarem adicionais sobre os impostos estaduais
Co-responsabilidade fiscal	Competência federativa sobre o produto (e não apenas sobre a gestão do produto transferido) de impostos estaduais cedidos (*vide* princípio da integração metropolitana – se, e só se, se e quando existir legitimidade democrática directa)

1.2.2. Princípio da integração metropolitana e as finanças metropolitanas

Como tivemos oportunidade de observar, a Constituição estabelece a possibilidade de criação por lei de *autarquias especiais*, as áreas metropolitanas. No entanto, a única especialidade que estas conhecem, actualmente, deriva do regime associativo específico que lhes é dirigido. De facto, estabelecemos já, estas são, à luz do regime estabelecido na Lei nº 46/2008, de 27 de Agosto, associações de municípios *especiais*, já que a sua área geográfica é delimitada pela lei com carácter vinculativo, e a sua existência parece ser de verificação obrigatória (o que as aproxima das federações de municípios).

No quadro legislativo vigente, são atribuições das áreas metropolitanas de Lisboa e do Porto (art. 4º, nº 1, da Lei nº 46/2008, de 27 de Agosto):

- Participar na elaboração dos planos e programas de investimentos públicos com incidência na área metropolitana;
- Promover o planeamento e a gestão da estratégia de desenvolvimento económico, social e ambiental do território abrangido;
- Articular os investimentos municipais de carácter metropolitano;
- Participar na gestão de programas de apoio ao desenvolvimento regional, designadamente no âmbito do Quadro de Referência Estratégico Nacional (QREN);

- Participar, nos termos da lei, na definição de redes de serviços e equipamentos de âmbito metropolitano;
- Participar em entidades públicas de âmbito metropolitano, designadamente no domínio dos transportes, águas, energia e tratamento de resíduos sólidos;
- Planear a actuação de entidades públicas de carácter metropolitano.

Cabe ainda às AML e AMP assegurar a articulação das actuações entre os municípios e a administração central nas seguintes áreas (n$^\circ$ 2, do art. 5°, do mesmo diploma):

- Redes de abastecimento público, infra-estruturas de saneamento básico, tratamento de águas residuais e resíduos urbanos;
- Rede de equipamentos de saúde;
- Rede de educativa e de formação profissional;
- Ordenamento do território, conservação da natureza e recursos naturais;
- Segurança e protecção civil;
- Mobilidade e transportes;
- Redes de equipamentos públicos;
- Promoção do desenvolvimento económico e social;
- Rede de equipamentos culturais, desportivos e de lazer.

Serão ainda competências das AML e AMP aquelas que a administração central para elas transfira, bem como aquelas que os municípios nelas delegarem (n$^\circ$ 3).

O legislador reconhece algumas destrinças entre as AM e as CIM, senão vejamos:

AML e AMP	CIM
Prossecução dos seguintes fins públicos:	*Prossecução dos seguintes fins públicos:*
• Participar na elaboração dos planos e programas de investimentos públicos com incidência na área metropolitana;	• Promoção do planeamento e da gestão da estratégia de desenvolvimento económico, social e ambiental do território abrangido;
• Promover o planeamento e a gestão da estratégia de desenvolvimento	• Articulação dos investimentos municipais de interesse intermunicipal;

económico, social e ambiental do território abrangido;
- Articular os investimentos municipais de carácter metropolitano;
- Participar na gestão de programas de apoio ao desenvolvimento regional, designadamente no âmbito do Quadro de Referência Estratégico Nacional (QREN);
- Participar, nos termos da lei, na definição de redes de serviços e equipamentos de âmbito metropolitano;
- Participar em entidades públicas de âmbito metropolitano, designadamente no domínio dos transportes, águas, energia e tratamento de resíduos sólidos;
- Planear a actuação de entidades públicas de carácter metropolitano.

- Participação na gestão de programas de apoio ao desenvolvimento regional, designadamente no âmbito do QREN;
- Planeamento das actuações de entidades públicas, de carácter supramunicipal.

Articulação entre municípios/ /administração central:	*Articulação entre municípios/ /administração central:*
• Redes de abastecimento público, infra-estruturas de saneamento básico, tratamento de águas residuais e resíduos urbanos; • Rede de equipamentos de saúde; • Rede de educativa e de formação profissional; • Ordenamento do território, conservação da natureza e recursos naturais; • Segurança e protecção civil; • Mobilidade e transportes; • Redes de equipamentos públicos; • Promoção do desenvolvimento económico e social; • Rede de equipamentos culturais, desportivos e de lazer.	• Redes de abastecimento público, infra-estruturas de saneamento básico, tratamento de águas residuais e resíduos urbanos; • Rede de equipamentos de saúde; • Rede educativa e de formação profissional; • Ordenamento do território, conservação da natureza e recursos naturais; • Segurança e protecção civil; • Mobilidade e transportes; • Redes de equipamentos públicos; • Promoção do desenvolvimento económico, social e cultural; • Rede de equipamentos culturais, desportivos e de lazer.

É nossa opinião que o legislador ordinário deve, o quanto antes, fazer uso da possibilidade constitucional de criação das áreas metropolitanas de Lisboa e do Porto como verdadeiras autarquias, dotando-as de órgãos democrática e directamente eleitos pelos eleitores das circunscrições respectivas, e consequentemente de *autonomia metropolitana* que, à semelhança da autonomia local, vai conhecer, *maxime*, uma dimensão política (já mencionada) e uma dimensão financeira. Este dever decorrerá do reconhecimento de que os movimentos pendulares que se geram em torno de determinada metrópole criam problemas – mas também soluções – específicos dessas áreas, distintas da dimensão supramunicipal do demais território. E apenas a sua institucionalização como verdadeiras autarquias fará das áreas metropolitanas espaços financeiros óptimos para a provisão/prestação de bens públicos e semi-públicos, mas antes e sobretudo espaços óptimos de decisão financeira, aptos a dispor de um edifício financeiro que só a legitimidade electiva directa lhes pode conferir.

No pressuposto dessa criação, vamos então elaborar sobre as bases das finanças metropolitanas. Mais do que a possibilidade de cobrar taxas metropolitanas, de participar nos recursos do Estado através de transferências financeiras, as áreas metropolitanas, se constituídas como autarquias, predispõem de um potencial de optimização para uma fiscalidade metropolitana directa. Vejamos.

A co-responsabilidade fiscal pressupõe autonomia política, na medida em que envolve mais do que a mera gestão de participações legalmente fixadas nos impostos estaduais – à semelhança do que sucede com as transferências financeiras do Estado para os municípios. Na medida em que, ao co-responsabilizarmos fiscalmente uma entidade local, estamos a movimentar-nos no âmbito da *divisibilidade da soberania financeira* entre Estado e entes locais constitucionalmente dotados de autonomia financeira[84]. Aquela dividir-se-á, então, na soberania legisla-

---

[84] Sobre esta questão versa amplamente Maria Desamparados Mora Lorente, no seu *Impuestos cedidos: implicaciones internas e comunitárias*, Universitat de Valência, Tirant lo Blanch, Valencia, 2004. A autora chama à colação a doutrina germânica sobre a *divisibilidade da soberania financeira* e os estudos de Ferreiro Lapatza, que adoptou muitos daqueles conceitos introduzindo-os na doutrina espanhola – o autor refere-se às três componentes da soberania financeira como sendo susceptíveis de combinações diversas na hora da sua distribuição entre o Estado e os

tiva, na soberania sobre as somas percebidas e na soberania administra-tiva ou, dito de outra forma, na competência normativa, na competência sobre o produto e na competência de gestão.

Ora, a *cedência de impostos* ou *revenue-sharing*, para ganhar destrinça da mera participação fixa nos impostos estaduais, deve envolver ao menos a competência sobre o produto, acrescida à competência de gestão. E, para exercício destas, é necessário que a entidade local a quem os impostos estaduais são *cedidos* disponha de autonomia política e, mais assim, de órgãos deliberativos que exerçam a competência sobre o produto, e órgãos executivos para colocar em marcha as decisões tomadas por aque-les e assegurar o exercício da competência de gestão. Só neste quadro dúplice estaremos aptos a falar de co-responsabilidade fiscal, e só nestas circunstâncias podemos afirmar as áreas metropolitanas como óptimos para esta *cedência de impostos*.

Em que consistiria esta fiscalidade metropolitana directa? Ou, dito de outro modo, qual o cabaz ideal de impostos *cedidos* ou *partilhados/partici-pados*? Para tal temos de atender ao *ADN* das áreas metropolitanas e des-tacar o seu elenco óbvio de competências.

territórios autónomos dotados por atribuição constitucional de autonomia financeira, dando lugar a uma classificação que refere a existência de sistemas financeiros de união, de separação e mistos (*La Hacienda de las Comunidades Autónomas en los diecisiete Estatutos de Autonomía*, Escola d'Administració Publica de Catalunya, Barcelona, 1985, págs. 5-13).

Áreas Metropolitanas

Relações de Âmbito Regional

Espaço de deslocações pendulares

Espaço de grandes relações de interdependência ao nível dos consumos materiais, mas cada vez mais culturais e associados ao lazer

- Transportes colectivos
- Infra-estruturas rodoviárias
- Distribuição e tratamento de águas
- Recolha e tratamento de resíduos
- Infra-estruturas de habitação e associadas

Deste esquema resulta claro que a tributação metropolitana estará intimamente relacionada com os movimentos pendulares e com a relação intima que se estabelece ao nível de certos consumos[85].

Podemos observar esta questão sobre três perspectivas: a da tributação dos rendimentos, a da tributação sobre o consumo e a tributação especial sobre dados consumos e, finalmente, a perspectiva da tributação da propriedade. E, de qualquer uma destas perspectivas, coloca-se um pertinente quesito: as áreas metropolitanas devem participar apenas nos

---

[85] O já mencionado estudo de Margarida Pereira, Carlos Nunes da Silva e Fernando Nunes da Silva, *Comunicação...*, ob. cit., pág. 332.

impostos estaduais, ou também em impostos municipais, dos municípios integrantes? Tal como entendemos que a fiscalidade federativa directa passaria por adicionais nas duas situações, também aqui entendemos que a participação tributária metropolitana deve colocar-se nos dois casos. Mas podemos atender à questão sobre outra perspectiva: a das áreas de competências metropolitanas.

Ao prosseguir importantes tarefas no domínio dos transportes colectivos – aliás, a condução da política metropolitana de transportes e mobilidade deve caber a estas autarquias, entendemos –, as áreas metropolitanas vão receber competências da administração central mas também dos municípios abrangidos. Assim sendo, a fiscalidade metropolitana dos transportes deve passar por uma participação no imposto único de circulação (IUC), seja na parcela da receita que cabe ao estado, seja na parcela de receita municipal. Mas também numa participação na receita do Imposto sobre Produtos Petrolíferos (ISP).

Nesta matéria as áreas metropolitanas devem poder utilizar a fiscalidade como instrumento orientador de comportamentos, nomeadamente porque as políticas de transportes e mobilidade vivem indissociadas da vertente ambiental. Deste modo, devem dispor de instrumentos que lhes permitam prosseguir políticas de orientação quanto à realidade *veículo*, mas também quanto à realidade *combustível*.

No segundo caso, parece-nos interessante a sugestão de uma participação metropolitana variável na receita estadual e municipal do ISP[86]. A fixação de um percentual fixo e de um percentual variável dessa participação – um pouco à semelhança da proposta inicial do governo relativamente à participação municipal no IRS – permitiria arrecadar receitas próprias com o inerente incremento da independência financeira face a transferências estaduais, bem como estimular ou desincentivar os consumos de combustível. Estamos conscientes de quatro ordens de dificuldades, ao avançar com esta proposta: a da natureza consignada deste imposto, a matérias de natureza ambiental – tal consignação ter-se-ia de manter relativamente à parcela da receita do ISP em que as AM

---

[86] O ISP encontra-se regulado no Código dos Impostos Especiais de Consumo, vertido no Decreto-Lei nº 73/2010, de 21 de Junho (texto consolidado), com as alterações introduzidas pela Lei nº 55-A/2010, de 31 de Dezembro.

participassem; a da eventual complexidade deste esquema, que nos parece ultrapassável; a da sua conformidade com o Direito Europeu, pois pese embora inexista uma tributação harmonizada dos combustíveis ao nível da Europa, aquele ordenamento estabelece taxas mínimas de imposto e princípios como o da não discriminação, que poderiam ser aqui chamados a depor – diremos, sob promessa de maior elaboração futura sobre esta questão, que não estão em causa as taxas de imposto, que se manteriam estáveis, mas uma participação sobre a receita gerada pelo imposto taxado de acordo com as regras europeias; finalmente, a pertinente questão do *fuel turism* ou *tank turism*, ou seja, a vontade de o consumidor deslocalizar o seu consumo para a zona com níveis de tributação menos elevados – que se colocaria caso a AML ou a AMP fizessem uso da possibilidade de abdicarem da parcela variável sobre o ISP, e que teria de ser gerida com instrumentos de localização dos abastecimentos dos veículos dos residentes na área metropolitana em causa.

Mas regressemos ao primeiro caso, a tributação da realidade *veículo*. Para além da proposta da participação no IUC, outro instrumento tributário particularmente apto à condução de políticas de transportes e mobilidade metropolitanas são as *portagens urbanas*. De facto, as taxas a cobrar pelas AML e AMP podem recolher um pendor orientador de comportamentos sobremaneira importante[87].

As taxas são um instrumento de fiscalidade que pode servir outras áreas de pendor predominantemente metropolitano, como seja o caso da recolha e tratamento de resíduos. Nos municípios que integram a AML, por exemplo, as discrepâncias do preço por tonelada para o tratamento de resíduos não se configuram como um óptimo provisional. De modo algum. Antes, uma política *comum* geraria efeitos de escala e de homogeneidade que se traduziria em eficiência prestadora e num custo para o contribuinte-eleitor adequado a este quadro de políticas integradas.

---

[87] Sobre esta questão *vide* o nosso "As taxas orientadoras de comportamentos: a ampliação do artigo 19º da lei das finanças locais e o caso do *Central London Congestion Charging Scheme*", *Revista Jurídica do Urbanismo e do Ambiente* nºs 21/22, Junho-Dezeembro, 2004, págs. 143-158.

Finanças metropolitanas – Quadro síntese

Repartição primária de recursos entre o Estado/municípios e as áreas metropolitanas	Transferência do envelope financeiro directamente correspondente às competências centrais e municipais transferidas
Repartição justa de recursos entre o Estado e as áreas metropolitanas	Criação de mecanismos de transferências financeiras que atendam à natureza genérica da execução de certas competências, por um lado, e à correcção de assimetrias entre áreas metropolitanas
Fiscalidade metropolitana directa ↕ *Princípio da co-responsabilidade fiscal*	• Princípio do benefício: sistema de taxas metropolitanas • Participação das áreas metropolitanas em impostos do Estado e dos municípios – exemplos: i) ICU ii) ISP iii) IMI/IMT

1.2.3. Princípio da especialização integrada e as finanças integradas

O exercício de funções por parte dos municípios obedece, nos termos constitucionais e legais, ao princípio da descentralização administrativa e, consequentemente, ao princípio da descentralização financeira (binómio competência-financiamento). Neste âmbito, estatui o artigo 2º da LFL, plasmando um *princípio de coerência*, que *o regime financeiro dos municípios e das freguesias respeita o quadro de competências que legalmente lhes está cometido, designadamente ao prever regras que visam assegurar o adequado financiamento de novas atribuições e competências*. A tradução destes princípios para a realidade funcional e económica autárquica conhece os desenvolvimentos anteriormente expostos e sobre os quais discorremos já.

Na certeza de que nem todas as autarquias podem ou devem produzir todos os tipos de bens, Joaquim Freitas da Rocha propõe alguns *tópicos orientadores* (que) *devem ser tidos em consideração no momento da escolha do tipo de despesas a efectuar pela Autarquia*, do *ponto de vista económico*[88]. Entende o autor que a selecção das despesas públicas autárquicas deve orientar-se, então, por dois princípios: o *princípio da diversidade* e o *princípio de conexão*. De acordo com aquele, *as Autarquias devem diferenciar-se nas suas preferências em relação aos bens públicos e semipúblicos que decidem prover. Vale isto por dizer que se todas as Autarquias decidirem investir no mesmo tipo de bens ou no mesmo segmento de mercado (por exemplo, realização de feiras de artesanato), muito possivelmente o investimento realizado não prosseguirá a finalidade que tem em vista nem terá o retorno pretendido, na medida em que a existência da necessidade em causa poderá deixar de fazer sentido, tal a oferta existente. Além disso, sendo o dinheiro em todo o lado canalizado para o mesmo, o mais provável é que muitas necessidades fiquem sem possibilidade de serem satisfeitas, resultando impossível congregar esforços entre Autarquias no sentido da coordenação regional. Pelo contrário, se determinada Autarquia se "especializar" em bens de natureza educativa e cultural (bibliotecas, museus, teatros, etc.) e a Autarquia confinante em bens de natureza desportiva (estádios, piscinas, pavilhões, ciclovias, etc.), ambas podem realizar um interessante trabalho de integração conjunta*[89].

Já o princípio da conexão será aquele *de acordo com o qual a produção de bens tendentes à satisfação de necessidades de natureza local deverão ser orientadas por uma ideia de benefício territorial (...) na medida em que a proximidade dos destinatários (utentes, contribuintes) permite, por um lado, conhecer melhor as necessidades a satisfazer e, por outro lado, implementar um controlo de cercania mais adequado e eficaz*[90].

Ora, nas circunstâncias que envolvem o presente estudo, e de acordo com a nossa exposição, à ideia de especialização de Joaquim Freitas da Rocha oferecemos todo o louvor. Todavia, localizando-a num quadro de

---

[88] Ob. cit., pág. 96.

[89] *Idem...*, págs. 96-97. Noutra sede e noutro momento, entendemos e escrevemos discordando respeitosamente desta metodologia, proposta pelo Douto Professor do Minho. Mas prezamos a máxima de que não dar espaço à evolução do pensamento é mostra de parca sapiência, revendo agora, com a modéstia devida, a nossa posição (discordámos de Joaquim Freitas da Rocha no nosso "Finanças Locais: uma leitura contemporânea...", ob. cit., págs. 106-107, nota de rodapé 15).

[90] *Idem...*, pág. 97.

coordenação e integração municipal, colocamos ao serviço da reorganização administrativa municipal o **princípio da especialização integrada**.

Mais do que evitar a duplicação em proximidade de realização funcional de despesa, o princípio da especialização integrada orienta as decisões de provisão municipal para a integração multimunicipal de planos de investimento, num quadro de ganhos de escala, eficiência na alocação de despesas que minguam e, sobretudo, de qualidade provisional dos cabazes de bens públicos e semipúblicos que assim são adequados por este princípio. Preconizamos, pois, um encontro eficiente entre a oferta e a procura no *mercado municipal*, pela via da integração «produtiva» de municípios: o óptimo provisional resultará da especialização, mas numa dinâmica integrada, resultante de decisões financeiras inter-municipais e já não apenas intra-município.

Este princípio de especialização integrada reclama, naturalmente, uma relação de vizinhança confinante entre os municípios associados. De outro modo, os fluxos das populações seriam dificultados, anulando os efeitos positivos da especialização pelas contrariedades de acesso aos bens assim providos.

Vejamos.

É, de facto, indutor de inúmeras ineficiências a duplicação de funções semelhantes, em circunscrições vizinhas. Se, por um lado, um dado município possui características que lhe permitem a especialização em determinada tarefa ou conjunto de tarefas, e um outro esteja apto à provisão de outro(s) bem(s) públicos e semipúblicos de forma igualmente especializada, e desde que não se coloque a questão do acesso das duas populações municipais aos bens providos por ambos, a solução óptima será, realmente, a especialização. Reunida, também, outra condição: o nível de eficiência do *output* de um bem local não conheça *variações jurisdicionais* consideráveis.

Esta especialização integrada pode conhecer duas vertentes distintas, com o consequente impacto na política de financiamento da despesa: a especialização em escala e a especialização por concertação.

A *especialização integrada em escala* permite evitar os *spillovers* ou internalizá-los, bem como definir planos de investimento de dimensão supramunicipal que apenas sejam possíveis precisamente pelos ganhos de escala envolvidos. Por exemplo, dois ou mais municípios podem definir como investimento prioritário o apoio ao desenvolvimento e expansão de um determinado *cluster* industrial que ocupe mais do que uma circunscrição municipal. Neste caso, as finanças integradas destes municípios seriam orientadas no sentido de apoiar esta política de desenvolvimento económico. Seria, a título de ilustração, possível definir uma **derrama colectiva**, decidida em conjunto e aprovada pelos meios legalmente estabelecidos, implicando, naturalmente, que aos municípios seja concedida a possibilidade de estratificar a derrama e respectivo regime em áreas de actividade.

Ou seja, mais do que a mera possibilidade de lançar uma derrama anual até ao limite máximo de 1,5% sobre o lucro tributável sujeito e não isento de imposto sobre o rendimento das pessoas colectivas (IRC), correspondente à proporção do rendimento gerado na sua área geográfica por sujeitos passivos residentes em território português, que exerçam, a título principal, uma actividade de natureza comercial, industrial ou agrícola (artigo 14º, nº 1, da LFL), aos municípios seria possível estabelecer derramas distintas consoante a natureza da actividade empresarial desenvolvida. Do mesmo modo, as assembleias municipais respectivas poderiam deliberar reduções de taxas de derrama de acordo com os mesmos critérios, e não apenas *para os sujeitos passivos com um volume de negócios no ano anterior que não ultrapasse € 150 000* (nº 4 do artigo 14º do mesmo diploma).

De igual forma, o quadro de taxas municipais cobradas seria decidida de forma integrada e orientada no sentido dos ganhos de escala e suporte a tal política de desenvolvimento económico. O mesmo seria válido para o desincentivo à prossecução de dada actividade empresarial nas circunscrições territoriais (potencial ou efectivamente) envolvidas, utilizando estes instrumentos financeiros de modo integrado.

Mas o princípio da especialização pode conhecer outra vertente: a **especialização integrada por concertação**. Nesta vertente, a eficiência na provisão especializada resulta em ganhos pela redução de custos de investimento em certas funções, realizadas pelo município «concertante» ou, pelo menos, permite maior eficiência no modo de provisão dos bens públicos ou semipúblicos em que dado município se especializa, pela canalização de recursos humanos e financeiros para essa provisão específica antes divididos também pela realização das funções agora específicas do outro município «concertante». Vejamos.

O município *y* especializa-se na provisão de bens sociais educativos, criando um parque escolar de excelência no âmbito de competências próprias mas também de programas de parceria pública com a administração central (artigo 54º da LFL[91]); o município x, contíguo, especializa-se na provisão de bens culturais, como museus, teatros, centros de estudos, bibliotecas, financiamento de companhias artísticas, que funcionam como suporte ao parque escolar criado e mantido pelo município y. Mais, um outro município contíguo, o município w, que reúne características de edificado e outras, que permitem a fixação de residência no seu território em condições de maior eficiência provisional pública, especializa-se precisamente em bens públicos e semipúblicos inerentes a essas características (*v.g.* estacionamento, arruamentos, áreas verdes, etc.).

Quais as vantagens decorrentes desta especialização concertada, para os municípios y, x e w? Qualquer um deles potencia características iniciais ou planeadas, concentrando-se na provisão de bens públicos directa-

---

[91] A transferência de competências e financiamento de novas competências encontram-se reguladas, na LFL, nos artigos 52º e 53º. Considerando o exemplo que oferecemos, num segundo momento de criação e manutenção de um parque escolar de excelência, envolvendo vários níveis de ensino e os equipamentos inerentes, a transferência efectiva de competências será o método ideal. O financiamento dessas novas competências, no caso que nos serve de ilustração, sucederia *prima facie* através do FSM, nos termos do nº 2 do artigo 53º.

Todavia, chamamos à colação o artigo 54º por estarmos a advogar um princípio económico de especialização que tem, naturalmente, dimensão financeira, e que pode envolver competências cuja transferência não esteja ainda prevista legalmente. Nesse caso, o instrumento adequado seria o programa de parceria pública. E atendendo à *especialização municipal por concertação*, a universalidade da transferência de competências ganha contornos distintos. O artigo 54º da LFL estatui: *1 – A administração central e a administração local actuam de forma coordenada na prossecução do interesse público, sem prejuízo das suas competências próprias, estabelecendo entre si programas de parceria pública. 2 – Cada programa de parceria pública tem carácter universal, não podendo ser recusada a adesão a qualquer autarquia que satisfaça os requisitos, e pode ter como objecto o exercício coordenado de competências das autarquias locais ou da administração central. 3 – Os programas de parceria pública definem obrigatoriamente as competências a exercer em parceria, as obrigações das partes, a duração e o regime de distribuição de custos e de afectação de recursos financeiros. 4 – As receitas geradas pela gestão de equipamentos ou prestação de serviços públicos prosseguidos em regime de parceria pública são aplicadas no programa de parceria pública, sendo eventuais excedentes distribuídos pelos parceiros públicos na razão da sua participação no programa.*

Ora, este regime teria de conhecer alterações, idealmente no sentido de prever a possibilidade de celebração de programas públicos especializados e outros genéricos (considerando aqui as CIM). Não seria colocado em causa o princípio da universalidade, tal como estatuído no nº 2, uma vez que a especialização resulta de opção dos municípios em concertação, no exercício plena da sua autonomia.

mente associados a essas características, e abdicando da actividade provisional de outros bens, em cuja produção não seria tão eficiente de modo isolado, alocando assim recursos à função em que se especializa. As populações são melhor servidas por esta especialização geradora de maior qualidade dos bens públicos de que usufruem, que elimina duplicação de tarefas e custos e bem assim efeitos de *spillover* e *free-riders*.

Em termos financeiros terá, todavia, de existir uma certa correlação entre os diferentes esforços municipais especializados por concertação entre as parte envolvidas. Vejamos o exemplo que utilizámos: o município y, ao manter um parque escolar de excelência dispõe de transferências financeiras adicionais e consignadas, através do Fundo Social Municipal (FSM, artigo 24º da LFL), de que os municípios x e w «abdicaram», e dos meios de financiamento associados aos programas de parceria pública com a administração central e, pelas suas características especializadas pode decidir-se por uma participação mais elevada no IRS dos seus munícipes (provocando, até, um efeito de deslocação e fixação no município w); o município x pode utilizar aquele instrumento financeiro do mesmo modo, incrementando as suas receitas marginalmente, e dispõe das transferências associadas aos programas de parceria pública que terá celebrado com a administração central; e o município w, sendo aquele que, pela natureza das funções que concertadamente lhe foram cometidas, abdicou de forma mais expressiva da sua participação variável na colecta de IRS dos seus munícipes, aumenta a população residente, o que tem impacto na distribuição do FGM (artigo 26º da LFL), e pode financiar a sua actividade com maior facilidade através do princípio do benefício, ou seja por via da cobrança de taxas.

Os cabazes de bens em cuja provisão os três municípios se especializaram são desta forma prestados com maior qualidade para os *consumidores-munícipes*, de modo mais eficiente e com uma provável redução global de custos. Mais, há uma clara associação às regras de programação orçamental plurianual e de estruturação orçamental (das despesas) por programas, objectivos igualmente estabelecidos no ME quando reclama a adaptação da LFL às recentes alterações ao regime legal de enquadramento orçamental, como observámos.

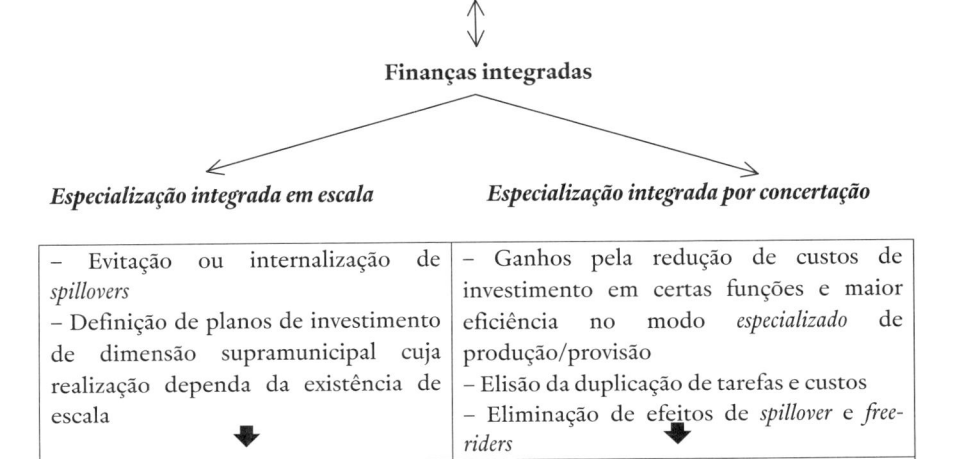

Princípio da Especialização Integrada

Finanças integradas

Especialização integrada em escala — *Especialização integrada por concertação*

Especialização integrada em escala	*Especialização integrada por concertação*
– Evitação ou internalização de *spillovers* – Definição de planos de investimento de dimensão supramunicipal cuja realização dependa da existência de escala	– Ganhos pela redução de custos de investimento em certas funções e maior eficiência no modo *especializado* de produção/provisão – Elisão da duplicação de tarefas e custos – Eliminação de efeitos de *spillover* e *free-riders*
Finanças integradas Decisões financeiras colectivas e integradas - Derrama colectiva - Taxas municipais integradas	*Finanças integradas* Correlação entre esforços municipais especializados por concertação - Coordenação nas participações no IRS - Alteração do FSM - Programas de parcerias públicas

Finanças integradas – princípio da especialização integrada

Quadro síntese das alterações à LFL

Programação orçamental plurianual	Capítulo relativo ao enquadramento orçamental local
Orçamento por programas	Capítulo relativo ao enquadramento orçamental local
Introdução do princípio da especialização integrada	Capítulo relativo ao objecto e princípios fundamentais

Introdução do princípio da conexão	Capítulo relativo ao objecto e princípios fundamentais
Derrama colectiva	Possibilidade de estratificar a derrama e respectivo regime em áreas de actividade e de reduções das taxas de derrama de acordo com os mesmos critérios
Alteração dos critérios de distribuição do FGM	Artigo 26º: – Eliminação al. a), do nº 1 e incorporação dos 5% aqui considerados na al. b), passando a distribuição a efectuar-se 70% na razão directa da população – Eliminação da ponderação superior da população residente nas Regiões Autónoma, contida na al. b), do nº 1
Incorporação dos bens públicos locais culturais no FSM	Com a consequente definição do quadro de atribuições e competências dos municípios associadas a funções culturais e consequentes despesas elegíveis, a acrescentar ao artigo 24º
Alteração do regime dos programas de parecerias públicas	Possibilidade de celebração de programas públicos especializados e outros genéricos, quando estejam em causa competências ainda não transferidas ou competências conjuntas – artigo 54º

1.3. A *reorganização externa* efectiva dos municípios – *fusão territorial* e *fusão funcional*

Defendida que está a nossa perspectiva reformadora sobre a reorganização do território, torna-se imperioso oferecer concretização cabal e prática, nos seus pressupostos, aos princípios que explicitámos. Ainda que das *guidelines* operativas entretanto apresentadas pelo Governo pareça decorrer a preferência por uma reforma do poder local que privilegie a extinção por fusão de freguesias mas não já de municípios, somos em crer e preconizámos amiúde ao longo deste estudo a nossa orientação no sentido de alterar as fronteiras das circunscrições municipais por fusão.

Só assim chegaremos, é nosso entender, ao óptimo espacial definitivo dos nossos municípios.

Todavia, e mesmo atentando ao teor do ME, o Governo parece apontar, então, para uma reorganização territorial municipal *operativa* ou *funcional*, em detrimento de uma reorganização territorial efectiva – efectividade essa que decorreria da alteração fronteiriça concelhia. Deste modo, abrimos portas à distinção entre a *fusão territorial* e a *fusão funcional*. Avançando já que interpretamos aquela como óptimo primeiro e esta, se vivendo sem a componente territorial, como *second best* na aplicação dos princípios de finanças integradas à reorganização municipal pelos ganhos de escala e cooperação. Veremos adiante porquê.

Por ora importa destrinçar, à luz do princípio da especialização integrada, coadjuvado pelos princípios da integração federativa e da integração metropolitana, e no âmbito de um sistema financeiro local integrado e amparado também ele nas finanças federativas e metropolitanas, a *fusão territorial* da *fusão funcional*.

A *fusão territorial* será aquela que, de acordo com o modelo que propomos, parte da criação de AMFE estruturadas sobre o princípio da especialização integrada e segue para a consequente fusão dos municípios que integram tal associação. Naturalmente, esta fusão importa a criação de um novo ente local onde antes localizávamos vários, então extintos. Este novo ente conhece um novo território, cujas fronteiras decorrem da junção dos municípios primeiro associados e agora fundidos.

Se o conceito de *fusão territorial* não parece oferecer dúvidas, a designação que entendemos oferecer ao fenómeno de *fusão funcional* poderá ser menos clara. É, todavia, de extrema simplicidade: traduz, apenas, a associação de municípios em homenagem ao princípio da especialização integrada. Será uma fusão *operacional*, de exercício de competências que, do ponto de vista económico-financeiro também oferecerá virtualidades. Contudo, não atingirá a plenitude das potencialidades do conjunto de princípios que ousámos enunciar, *maxime* o princípio da especialização integrada. Mas também aqueles da integração federativa e metropolitana, na medida em que quer as federações de municípios, quer as áreas metropolitanas, funcionarão tanto melhor quanto maior for a expansão da racionalidade conhecida pelo seu território.

É este porquê que procuraremos completar, em seguida.

1.3.1. A *fusão territorial* como óptimo de reorganização e a *fusão funcional* como segundo óptimo

Oferecida uma definição e destrinça de *fusão territorial*, contraposta então à *fusão funcional*, importa explicitar em que medida aquela é o óptimo de reorganização do território autárquico municipal. Para tal, atendamos à estrutura demográfica dos nossos municípios, relembrando a classificação dimensional oferecida pelos autores do *Anuário Financeiro dos Municípios Portugueses 2009*:

Pequenos	*Médios*	*Grandes*
Com população menor ou igual a 20 000 habitantes	Com população maior que 20 000 habitantes e menor ou igual a 100 000 habitantes	Com população maior do que 100 000 habitantes
180 Municípios	**105 Municípios**	**23 Municípios**

Fonte: *Anuário Financeiro dos Municípios Portugueses 2009*

Observemos agora a estrutura financeira dos municípios em 2009, bem como a evolução do seu nível de independência financeira face à administração central, entre 2008 e 2009:

Dimensão dos Municípios	Passivos Financeiros	Transferências Financeiras	Receitas Próprias	Independência financeira dos municípios 2008	Independência financeira dos municípios 2009
Pequenos	13%	64%	23%	23%	23%
Médios	13%	43%	44%	49%	44%
Grandes	9%	27%	64%	71%	64%
Total	12%	43%	45%	48%	44%

Fonte: *Anuário dos Municípios Portugueses 2009* – Gráfico 3.02 e Gráfico 3.03

Ora, verifiquemos o nível de endividamento líquido global dos municípios, avançando já a conclusão: a dívida bruta global (total da dívida de curto, médio e longo prazo, incluindo dívida a fornecedores e outros) dos municípios, excluindo o sector empresarial local, entre 2006 e 2009 cresceu 1383 milhões de euros (mais 20,8 por cento). Em Dezembro de 2009 era de 8020 milhões de euros, mais 896 milhões de euros (mais 12,6 por cento) que em 2008.

	2006	2007	2008	2009
Endividamento líquido	5180 M€	5048 M€	5343 M€	6339 M€
Dívidas a pagar (curto prazo e médio/longo prazo)	6637 M€	6664 M€	7124 M€	8020 M€

Fonte: *Anuário Financeiro dos Municípios Portugueses 2009* – Quadro 5.01

Estes indicadores, bem como outros que adiante avançaremos, são preciosos para a conclusão de que a *fusão territorial* é a solução de primeiro óptimo para a reorganização administrativa do nosso território. Olhando para as características actuais, que outras procuramos para o futuro nos municípios portugueses e que podem ser induzidas pela sua optimização espacial?

Se o esforço de especialização funcional não for acompanhado da eliminação das estruturas orgânicas e institucionais, bem como dos serviços, de cada município envolvido na especialização integrada, estaremos distantes da dimensão financeira óptima municipal. Falamos, então, dos *custos operacionais*.

Se o esforço de especialização funcional não encontrar a companhia da unificação orgânica, como fonte de verdadeira legitimação decisória e de exercício pleno da especialização de forma integralmente autónoma, manteremos aquela distância. De facto, se a escala por especialização for meramente associativa ou *funcional*, encontramos óptimos financeiros mas apenas estes, e ainda assim de modo *impuro*: o óptimo financeiro é também, ou carece, de um óptimo decisório legitimado. As AMFE, e as finanças integradas que as sustêm em concretização do princípio da especialização integrada, vivem de decisões concertadas mas singulares dos órgãos de cada município associado. Sem fusão dos seus territórios, não encontramos nelas óptimos de decisão financeira, apenas segundos óptimos provisionais.

A própria evolução das finanças integradas, no sentido de dotar a arquitectura financeira local de maior robustez na performance e independência das transferências orçamentais, e bem assim de fazer face às assimetrias pelo reforço da coesão, é comprometida se funcionarem apenas ao nível *operacional* ou *funcional*.

1.3.2. A fusão territorial: concretização

Resta-nos apurar quais os instrumentos legais adequados para enformar este princípio jurídico-económico de especialização integrada, e o seu modo de associação à reorganização administrativa territorial no que concerne aos municípios.

Como avançámos já, e em homenagem íntegra ao princípio da autonomia local, propomos como substrato jurídico à provisão pública de bens em especialização integrada a figura da associação municipal de fins específicos, tal como previstas na Lei nº 45/2008, de 27 de Agosto que, como atentámos, estabelece o regime do associativismo municipal. Como refere Rui Baleiras, referindo-se às AMFE, *a lei permite que a geografia das associações se aproxime da dimensão óptima*[92]. Todavia, por tratar-se esta figura de uma associação de objecto único ou, ao menos, bastante *concreto*, impõem-se alterações ao seu regime jurídico.

Não resulta líquido, na nossa opinião, que os exemplos que oferecemos para ilustrar situações quer de especialização integrada em escala, quer de especialização por concertação correspondam a qualquer uma das atribuições legalmente cometidas às associações municipais de fins múltiplos (CIM), saber: *a) Promoção do planeamento e da gestão da estratégia de desenvolvimento económico, social e ambiental do território abrangido; b) Articulação dos investimentos municipais de interesse intermunicipal; c) Participação na gestão de programas de apoio ao desenvolvimento regional, designadamente no âmbito do Quadro de Referência Estratégico Nacional – QREN; d) Planeamento das actuações de entidades públicas, de carácter supramunicipal* (nº 1, do artigo 5º). Mais, como observámos anteriormente, as CIM são constituídas por municípios que correspondem a uma ou mais NUTS III. Ora, na aplicação do princípio da especialização integrada, a associação de municípios far-se-á numa escala menor, e ainda que possa surgir uma multiplicidade de interesses municipais, inerente à associação destes municípios estará a prossecução, por cada um, de fins específicos ou *especializados*. Parece-nos,

---

[92] "Finanças...", ob. cit., págs. 60-61.

então, estarmos mais perto da noção legal de AMFE: *as associações munici-pais de fins específicos são pessoas colectivas de direito privado criadas para a reali-zação em comum de interesses específicos dos municípios que as integram, na defesa de interesses colectivos de natureza sectorial, regional ou local* (artigo 2º, nº 4, da Lei nº 45/2008). Trata-se, por razões de economia procedimental e de combate ao fenómeno por muitos designado como *turbo-legislação*, de par-tir do quadro legal existente para servir o desiderato proposto. Natural-mente, a remissão da lei para o direito privado como regente de grande parte da vida destas entidades, terá de ser substituída por uma convoca-tória *quasi* plena do direito público, atendendo à natureza funcional des-tas associações a que, por conveniência de linguagem, continuaremos a chamar AMFE.

Contudo, não é de somenos frisar que tal implica que as AMFE actual-mente existentes sejam extintas, pois não são o ponto de partida ideal para este movimento associativo que homenageia o princípio da especia-lização integrada. Os seus objectos são diferenciados, e a conivência legal com a regulamentação das mesmas pelo direito privado afasta-as da nossa procura pelo óptimo dimensional. O mesmo defendemos no que respeita às Autoridades Metropolitanas de Transportes de Lisboa e do Porto[93] – ou seja, a sua extinção – e, bem assim, a adequação das CIM actualmente existentes ao quadro estrito das 24 NUTS III.

Tomemos por exemplo algumas AMFE existente. De um grupo de cinco destas associações podemos extrapolar um dado: as associações municipais de fins específicos são constituídas de acordo com duas inter-pretações da expressão «específicas». Por um lado, encontramos AMFE que prosseguem uma finalidade específica; por outro, AMFE que prosse-guem interesses que, pese embora genéricos, são chamados à especifici-dade quando executados pela associação. Ambas estão distantes do modelo que propomos. Vejamos.

A Associação Intermunicipal de Água da Região de Setúbal – AIA, criada por escritura pública em 29 de Abril de 2008 e cujos estatutos se encontram publicados através do Anúncio nº 3998/2008, no *Diário da República, nº 114, II Série*, de 16 de Junho de 2009, é uma AMFE cujo objecto será, então, a realização de interesses específicos comuns aos

---

[93] Regidas pela Lei nº 1/2009, de 5 de Janeiro de 2009.

municípios que a integram em matéria de captação, transporte adutor e abastecimento de água "em alta". Integram esta associação os municípios de Alcochete, Almada, Barreiro, Moita, Palmela, Seixal, Sesimbra e Setúbal. Com um objecto muito semelhante, encontramos a Associação de Municípios para a Gestão de Água Pública do Alentejo – AMGAP, cujo objecto será participar na gestão de um sistema de captação, tratamento e adução "em alta" de água para abastecimento público e de tratamento e destino de águas residuais bem como a intervenção noutras áreas afins do ambiente, por acordo dos municípios associado – sendo estes cerca de metade dos municípios alentejanos, a saber: Alcácer do Sal, Aljustrel, Almodôvar, Alvito, Arraiolos, Barrancos, Beja, Castro Verde, Cuba, Ferreira do Alentejo, Grândola, Mértola, Montemor-o-Novo, Moura, Ourique, Santiago do Cacém, Serpa, Vendas Novas, Viana do Alentejo e Vidigueira.

Estamos claramente perante AMFE que prosseguem fins específicos relacionados com as redes de abastecimento público, infra-estruturas de saneamento básico, tratamento de águas residuais e resíduos urbanos – áreas nas quais a lei atribui a articulação de actuações entre administração central e municípios às CIM e às AM e que, defendemos, devem ser competências quer de umas, quer de outras, no modelo que propomos. Repara-se que estas AMFE mais não são do que tentativas de ganhar escala por falha grave do fenómeno associativo de fins gerais.

Por outro lado, encontramos as AMFE que prosseguem interesses que, pese embora genéricos, são chamados à especificidade quando executados pela associação. É o caso da Associação de Municípios da Região de Leiria – AMLEI, cujo objecto, nos termos do art. 4º dos seus Estatutos, é o seguinte: *1 – A Associação de Municípios da Região de Leiria tem por fim a realização em comum de interesses específicos dos municípios que a integram, na defesa de interesses colectivos de natureza sectorial, regional ou local. 2 – A Associação prossegue os seguintes fins: a) Desenvolvimento regional e local integrado*[94]. Integram a AMLEI os municípios de Alvaiázere, Ansião, Batalha, Leiria, Marinha Grande, Ourém, Pombal e Porto de Mós.

Mais longe vai a Associação de Municípios do Vale do Sousa – VALSOUSA, composta pelos municípios de Castelo de Paiva, Felgueiras,

---

[94] Plasmados no Anúncio nº 866/2009, publicado no *Diário da República, nº 21, II Série*, de 30 de Janeiro de 2009.

Paços de Ferreira, Paredes e Penafiel, tendo por objecto a prossecução de *interesses específicos dos municípios que a integram, nas seguintes áreas: a) Promoção do desenvolvimento económico, social e ambiental; b) Concepção e execução de projectos de valorização dos recursos do Vale do Sousa; c) Protecção e promoção do património histórico, cultural e turístico do Vale do Sousa; d) Desenvolvimento da Sociedade do Conhecimento no Vale do Sousa* (art. 4º dos Estatutos da VALSOUSA, vertidos no Anúncio nº 4922/2009, publicado no *Diário da República, nº 122, Série II*, de 26 de Junho de 2009). E, dentro deste grupo, com um objecto ainda mais genérico, encontramos a Associação de Municípios do Vale do Minho – Vale do Minho-AM, composta pelos municípios de Melgaço, Monção, Paredes de Coura, Valença e Vila Nova de Cerveira. Estatui o art. 4º dos seus estatutos: *A Associação é uma pessoa colectiva de direito privado e fins específicos, nos termos da Lei nº 45/2008, de 27 de Agosto, tendo por fim a realização em comum de interesses específicos dos municípios que a integram, na defesa de interesses colectivos de natureza sectorial, regional ou local, nomeadamente: a) Turismo e cultura; b) Desenvolvimento económico; c) Ambiente e património; d) Desenvolvimento rural; e) Planeamento estratégico; f) Modernização Administrativa; g)Promoção da sociedade do conhecimento e da utilização das TIC na administração local; h) Formação profissional*[95].

Ora, nenhuma destas associações prossegue objectos compagináveis com o modelo que proposto. Neste, através da criação voluntária de AMFE, onde o princípio da especialização integrada dite a associação de municípios como óptimo provisional, encontramos a base para a reorganização externa efectiva dos municípios. Não se trata, conforme sucedeu com a *reforma administrativa de 2003*, de apelar ao sentido de optimização dos órgãos municipais competentes, mas antes de, numa óptica económica de especialização, encontrar a tão procurada dimensão financeira óptima e, apurada esta, proceder ao *fine-tunning* da reorganização administrativa do território municipal, encontrando o óptimo espacial por recurso a outros elementos, *maxime* a clássica geografia natural e humana. E, para tal, a nossa proposta desenha também movimentos de escala de índole associativa obrigatória e a institucionalização autárquica metropolitana, como óptimos para a provisão de bens supramunicipais.

---

[95] Vertidos no Anúncio nº 5683/2009, publicado no *Diário da República, nº 21, II Série*, de 22 de Julho de 2009.

Não será de somenos voltar a frisar este aspecto: *não propormos, através do princípio da especialização integrada, a resolução de problemas de escala supramunicipal; antes, serve aquele de princípio orientador para encontrar a dimensão municipal adequada para a resolução de problemas municipais. O mesmo será dizer, a dimensão financeira e espacial óptima para a decisão de alocação de despesa e provisão de bens públicos e semipúblicos.*

O fomento da criação de AMFE, neste enquadramento, deve conhecer um estímulo orçamental, com a alocação de recursos financeiros mínimos que estimulem a sua constituição. Mas, sobretudo, através da adaptação da LFL aos novos princípios e regras de enquadramento orçamental, nos termos que preconizámos, e da alteração daquele diploma numa lógica de finanças integradas, os municípios devem encontrar o estímulo de especialização. A constituição de AMFE confere apenas formatação jurídica primeira ao conteúdo económico-financeiro e de satisfação prestadora das necessidades dos colectivos municipais, e funcional à posterior extinção de municípios.

Este seria o quadro ideal de definição subsequente da extinção de municípios por fusão: o território nacional organizado em AMFE como corporização jurídica do princípio da especialização integrada. Entendemos, afinal, que o óptimo dimensional prestador e financeiro serve a reorganização externa municipal em termos igualmente óptimos.

Pelo que fica dito e atendendo ao estipulado no ME, propormos como tabela cronológica para a plena optimização financeira do espaço municipal as seguintes etapas:

Etapas	Plano de acção	Objectivos	Intervalo temporal de concretização
1ª Fase	• Alteração da Lei nº 45/2008 • Alteração da LFL ↕ Lei do Orçamento do Estado para 2012	1. Levantamento do mapa de AMFE existentes e respectivos objectos; 2. Extinção jurídica das AMFE existentes; 3. Criação *ex novo* de AMFE de acordo com o princípio da especialização inte-	4º Trimestre de 2011/1º Trimestre de 2012

		grada, no âmbito da autonomia local dos municípios mas de acordo com os princípios plasmados nos diplomas alterados.	
2ª Fase	Definição da dimensão financeira óptima dos municípios	Tendo por base os objectivos definidos para a 1ª fase, organização do território em espaços financeiros e provisionais municipais óptimos, que possam servir de *draft* à subsequente reorganização externa efectiva dos municípios	2º Trimestre de 2012
3ª Fase	*Reorganização externa* efectiva do território municipal	Utilização das soluções de eficiência e inovação prestadora financeiras, corolários do princípio da especialização integrada, como *guidelines* da reorganização administrativa do território, associadas a outros factores de ponderação *clássicos*	2ª Semestre de 2012
4ª Fase	Reorganização externa efectiva do território municipal - Implementação definitiva	Aplicação prática e concretização definitiva do novo mapa municipal, através da eleição dos órgãos dos novos municípios, bem como dos órgãos próprios das áreas metropolitanas de Lisboa e do Porto	Próximas eleições autárquicas

BIBLIOGRAFIA

AAVV, *A Problemática da Tributação Local*, Comissão de Coordenação da Região Centro (Coord.) e OCDE (Colab.), Coimbra, 1988.

AAVV, *Classics in the Theory of Public Finance*, Richard Musgrave e Alan T. Peacock (Coord.), London, Macmillan, 1958.

AAVV, *Descentralização, Regionalização e Reforma Democrática do Estado*, 2ª Edição, Comissão de Apoio à Reestruturação do Equipamento e da Administração do Território, MEPAT, 1998.

AAVV, *Direito do Urbanismo e Autarquias Locais*, CEDOUA, FDUC, IGAT, Almedina, 2005.

AAVV, *Estudo sobre a reformulação dos critérios de distribuição do Fundo de Equilíbrio Financeiro*, Manuel Brandão Alves (Coord.), Relatório Final, Lisboa, Instituto Superior de Economia e Gestão, 1997.

AAVV, *La participación de las haciendas autonómicas y locales en los tributos del Estado*, Enrique Jiménez-Reyna Rodríguez (Coord.), 1ª Edição, Madrid, Ayuntamiento de Madrid, 1994.

AAVV, *O Sistema Financeiro e Fiscal do Urbanismo. Colóquio Internacional: o direito do urbanismo do séc. XXI*, Fernando Alves Correia (Coord.), Almedina, 2002.

AAVV, *Poder Central, Poder Regional, Poder Local numa perspectiva comparada*, Luís Nuno Espinha da Silveira (Coord.), Edições Cosmos, 1997.

AAVV, *Property Taxation and Local Government Finance*, Wallace E. Oates (Coord.), Cambridge, Massachusetts, Lincoln Institute of Land Policy, 2001.

AAVV, *Reforma da Lei de Enquadramento Orçamental – Trabalhos preparatórios e anteprojecto*, Jorge Costa Santos (Coord.), Ministério das Finanças, 1998.

AAVV, *Revue Française de Finances Publiques, Vingt ans de finances locais: enjeux pour l'avenir*, Nº 81, 2003.

AAVV, *Taxas e Tarifas Municipais*, ISFEP, Instituto de Investigação da Faculdade de Economia da Universidade do Porto, 1998.

ABREU, João Paulo Cancela de, "O actual sistema de administração local", *O Direito, Revista de Ciências Jurídicas e de Administração Pública*, Ano 89, Nº 1, 1957, págs. 10-33.

ALVES, André Azevedo e MOREIRA, José Manuel, *O que é a Escolha Pública? Para uma análise económica da política*, Principia, 2004.

AMARAL, Diogo Freitas do, *Curso de Direito Administrativo*, 2ª Edição, Volume I, (10ª Reimpressão da 2ª Edição de 1994), Almedina, 2005.

AMORIM, Manuel Ribeiro da Cruz, "Considerações sobre a insuficiência dos recursos dos municípios portugueses", *Revista de Direito Administrativo*, Tomo XIV, Nº 1, 1970, págs. 3-38.

ANDRADE, José Robin de, "Taxas municipais: limites à sua fixação – parecer jurídico", *Revista Jurídica do Urbanismo e do Ambiente*, Nº 8, Dez., 1997, págs. 59-83.

ANGOITIA GRIJALBA, Miguel, *Entidades Locales y Descentralización del Sector Público*, CES, Colección Estudios, 2004.

ANTUNES, Isabel Cabaço, *A Autonomia Financeira dos Municípios Portugueses*, Ministério do Plano e da Administração do Território, 1987.

ANTUNES, Luís Filipe Colaço, "Poder Local", *Enciclopédia Verbo Luso-Brasileira de Cultura*, Edição Séc. XXI, 23, Editorial Verbo, pág. 2.

ARAÚJO, Fernando, *Introdução à Economia*, 2ª Reimpressão da Edição de Fevereiro de 2005, Almedina, 2009.

ASCHER, François, *Metapolis – Acerca do futuro da cidade*, Oeiras, Celta, 1998.

BAILEY, Stephen J., *Strategic Public Finance*, Palgrave Macmillan, 2004.

BALEIRAS, Rui Nuno, "Finanças Municipais", *Seminário da Presidência da República*, Junho, 2004, págs. 1-73.

– "Governação subnacional: legitimidade económica e descentralização da despesa pública", *Compêndio de Economia Regional*, Associação Portuguesa para o Desenvolvimento, Coimbra, 2001.

BALEIRAS, Rui Nuno e COSTA, José da Silva, "Finanças e fiscalidade regional e local", *Compêndio de Economia Regional*, Coordenação de José da Silva Costa e Peter Nijkamp, Principia, 2009

BARBOSA, António S. Pinto, "Nota sobre uma lei explosiva", Boletim Económico do Banco de Portugal, Estudos Económicos, Volume 8, Nº 4, Dezembro, 2002, págs. 27-29.

– *Economia Pública*, McGraw Hill, 1997.

BARACHO, José Alfredo de Oliveira, "Descentralização do poder: Federação e Município", *Revista Forense*, Rio de Janeiro, Ano 82, Volume 293, Janeiro-Março, 1986, págs. 11-30.

BARRERO RODRÍGUEZ, Maria Concepción, *Las Áreas Metropolitanas*, Civitas, 1993.

BASTO, Xavier de e XAVIER, António Lobo, "Ainda a distinção entre taxa e imposto: a inconstitucionalidade dos emolumentos notariais e registais devidos pela constituição de sociedades e pelas modificações dos respectivos contratos", *RDES*, Ano XLVI, 1994, págs. 22-38.

BEIRANTE, Cândido, *Descentralização, municipalismo e cooperativismo*, Editorial Vega, 1978.

BENCHENDIKH, François, "L'intérêt communautaire dans les agglomérations en pratique", *L'actualité Juridique*, Dez., 2002, págs. 1327-1331.

BLANC, Jacques, *Finances locales comparées*, LGDJ, 2002.

– "Les dysfonctionnements des finances municipales", *La Démocratie Muni-*

cipale, *Revue Française d'Études Constitutionnelles et Politique*, Paris, Nº 73, 1995, págs. 91-108.

– *Les péréquations dans les finances locales*, LGDJ, 1996.

BOOTHE, Paul, "Modest but Meaningful Change: Reforming Equalization", *Equaliztion: Helping Hand or Welfare Trap?*, Conference, Montreal, Canada, 25 de Outubro, 2001.

BOUVIER, Michel, *Les finances locales*, 9ª Edição, LGDJ, 2004.

BRAÑA, Francisco-Javier, SERNA, Víctor-Manuel, *La descentralización de competencias de gasto público: teoría y aplicación a España*, Madrid, Civitas, 1997.

BRAVO, Ana Bela Santos, VASCONCELLOS E SÁ, Jorge, *Autarquias Locais, Descentralização e Melhor Gestão*, Verbo, 2000.

BRENNAN, Geoffrey e BUCHANAN, James M., *The Reasons of Rules (Constitutional Political Economy)*, Cambridge, Cambridge University Press, 1985.

– *The Power to Tax: Analytical Foundations of a Fiscal Constitution*, Cambridge, Cambridge University Press, 1980.

BUCHANAN, James M., *The Demand and Supply of Public Goods*, Rand McNally & Company, Chicago, 1968.

– "An Economic Theory of Clubs", *Economica*, Nº 32, 1965, págs. 1-14.

BUCHANAN, James M., e MUSGRAVE, R. A., *Public Finance and Public Choice, Two contrasting vision of the State*, CES, The MIT Press, Second Printing, 2000.

BUCHANAN, James M., e TULLOCK, Gordon, *The Calculus of Consent*, Ann Arbor, University of Michigan Press, 1962.

BUCHANAN, James M., e WAGNER, Richard E., "Fiscal Responsibility in Constitutional Democracy", *Studies in Public Choice*, Volume 1, Kluwer Boston, 1978.

CABRAL, Nazaré Costa, *Programação e Decisão Orçamental, Da Racionalidade das Decisões Orçamentais à Racionalidade Económica*, Almedina, 2008.

– O Recurso ao Crédito nas Autarquias Locais Portuguesas, Lisboa, AAFDL, 2003.

CAETANO, Marcello, *Estudos de História da Administração Pública Portuguesa*, (Org. e prefácio Diogo Freitas do Amaral), Coimbra Editora, 1994.

– *Ensaios Pouco Políticos*, Editorial Verbo, 2ª Edição, 1971.

– *Manuel de Direito Administrativo*, 2ª Edição (inteiramente refundida), Coimbra Editora, 1947.

– "A situação dos municípios no estrangeiro", *O Direito, Revista de Jurisprudência*, Ano 79, Nº 9, 1947, págs. 258-263.

– *O Município na Reforma Administrativa*, Lisboa, Universidade Editora, 1936.

CÂNDIDO, Armando, *Intervenção do Estado na Administração Local (Centralização e Descentralização)*, Biblioteca do Centro de Estudos Político-Sociais, CEPS, 1957.

CANOTILHO, J. J. Gomes, *Direito Constitucional e Teoria da Constituição*, 10ª Reimpressão da 7ª Edição, Almedina, 2004.

CANOTILHO, J. J. Gomes, e MOREIRA, Vital, *Constituição da República Portuguesa Anotada*, Volume II (Artigos 108º a 296º), Coimbra Editora, 2010

CARVALHO, Álvaro Mário de, "A hipótese de Tiebout", *Estudos em Homenagem à Dra. Maria de Lourdes Órfão de Matos Correia e Valle, Ciência Técnica e Fiscal*, Nº 171, 1995, págs. 15-25.

CARVALHO, João, FERNANDES, Maria José, CAMÕES, Pedro e JORGE, Susana, *Anuário Financeiro dos Municípios Portugueses 2009*, Câmara dos Técnicos Oficiais de Contas, 2011.

CARVALHO, Joaquim Santos, *O processo orçamental das autarquias locais*, Almedina, Coimbra, 1996.

CASTELLS, Antoni, SORRIBAS, Pilar e VILALTA, Maite, *Las subvenciones de nivelación en la financiación de las comunidades autónomas: Análisis de la situación actual y propuestas de reforma*, Publicaciones i, Ediciones de la Universitat de Barcelona, 2005.

CATARINO, João Ricardo, "A concorrência fiscal inter-regiões no quadro europeu: a dialéctica entre a regionalização e o tributo", *Ciência Técnica e Fiscal*, Nº 402, Abril-Junho, 2001, págs. 7-105.

CAUPERS, João, "Lição das Provas de Agregação. Governo municipal – Na fronteira da legitimidade com a eficiência?", *Themis*, Revista da Faculdade de Direito da UNL, Ano V – Nº 8, 2004, págs. 251-281.

CLOTET I MIRÓ, Maria-Àngels, *La Cooperacion Internacional de los Municípios en el Marco del Consejo de Europa. La Obra de la Conferência Permanente de Poderes Locales y Regionales de Europa*, Madrid, Civitas, 1992.

CONCEPCION RODRIGUEZ, Maria, *Las Areas Metropolitanas*, Editorial Civitas, 1993.

CORREIA, Carlos Pinto, "A Teoria da Escolha Pública: sentido, limites e implicações", *Boletim de Ciências Económicas da Faculdade de Direito de Coimbra*, Volumes XLI (1998, págs. 241-276), XLII (1999, págs. 285-458) e XLIII (2000, págs. 547-594).

CORREIA, Fernando Alves, "Formas Jurídicas de Cooperação Intermunicipal", *Estudos em Homenagem ao Prof. Doutor Afonso Rodrigues Queiró, Boletim da Faculdade de Direito de Coimbra* (Número especial), 1986, págs. 7-78.

CORREIA, Jorge e SILVA, Patrícia, "Finanças Locais e Consolidação Orçamental em Portugal", *Boletim Económico do Banco de Portugal*, Março, 2002, págs. 40-67.

CUNHA, Paulo de Pitta e, *Equilíbrio Orçamental e politicas financeiras anticiclícas*, Lisboa, 1962.

DERYCKE, P. H. e GILBERT, G., *Économie publique locale*, Economica, Paris, 1988.

DONAHUE, John D., "Tiebout? Or Not Tiebout? The Market Metaphor and the America's Devolution Debate", *The Journal of Economic Perspectives*, Volume 11, Nº 4, 1997, págs. 73-82.

DURAND, Franck, "O Estado e a descentralização no quadro da integração europeia", *Revista de Administração Local*, Ano 26, Nº 195, 2003, págs. 321-330.

DUVERGER, Maurice, *Finances Publiques*, Paris, PUF, 1975.

EISENMANN, Charles, *La Centralisation et Décentralisation, esquisse d'une théorie générale*, Paris, LGDJ, 1948.

FERREIRA, Eduardo Paz, *Ensinar Finanças Públicas numa Faculdade de Direito*, Almedina, 2005.

– "O visto prévio do Tribunal de Contas: uma figura a caminho da extinção?", *Estudos em Homenagem ao Professor Inocêncio Galvão Telles*, Volume I, Direito Privado e Vária, Almedina, 2003, págs. 835-852.

– "Em Torno das Constituições Financeira e Fiscal e dos Novos Desafios na

Área das Finanças Públicos", *Nos 25 Anos da Constituição da República Portuguesa de 1976*, Lisboa, AAFDL, 2001, págs. 295-338.

– "Problemas de Descentralização Financeira", *Revista da Faculdade de Direito da Universidade de Lisboa*, Volume XXXVIII, Nº 1, Coimbra Editora, 1997, págs. 121-130.

– *Da dívida pública e das garantias dos credores do Estado*, Almedina, Coimbra, 1995.

– "Ainda a propósito da distinção entre impostos e taxas: o caso da taxa municipal devida pela realização de infraestruturas urbanísticas", *Ciência Técnica e Fiscal*, Nº 380, 1996, págs. 57-84.

– *As Finanças Regionais*, Imprensa Nacional-Casa da Moeda, Estudos Gerais, Série Universitária, 1985.

FERREIRA, Eduardo Paz e REBELO, Marta, "O Novo regime Jurídico das Parcerias Público-Privadas em Portugal", *Revista de Direito Público da Economia, RDPE*, Nº 4, Out.-Dez., 2003, págs. 63-79.

FERREIRA, José Eugénio Dias, *Tratado de Finanças Públicas*, Volume I, Lisboa, 1949 e Volumes II e III, Lisboa, 1950.

FERREIRA, Maria de Fátima, "A natureza jurídica da tarifa no contexto das receitas municipais", *Planeamento e Administração*, Ano 1, Nº 2, 2º Semestre, 1988, págs. 87-96.

FLOGAÏTIS, Spyridon, "Réflexions sur les question de décentralisation et d'autonomie locale en Europe", *The Territorial Distribution of Power in Europe/Le répartition territoriale du pouvoir en Europe*, PIFF, EUROREGIONS 1987//88, Institut du Fédéralisme Fribourg Suisse, Editions Universitaires Fribourg Suisse, 1990, págs. 253-269.

FRANCO, António L. Sousa, *Finanças do Sector Público, Introdução aos Subsectores Institucionais (Aditamento de Actualização)*, AAFDL, Reimpressão, 2003.

– *Finanças Públicas e Direito Financeiro*, Volume I e II, 4ª Edição – 13ª Reimpressão, Coimbra, Almedina, 2010.

– *Relatório Sobre as Medidas para uma Política Sustentável de Estabilidade e Controlo da Despesa Pública*, Lisboa, Março de 2002 (em colaboração com Helena Pereira, Isabel Marques da Silva e Carlos Lobo).

– "O pensamento financeiro em Portugal no século XX", *Ensaios de Homenagem a Manuel Jacinto Nunes*, Instituto Superior de Economia e Gestão, 1996, págs. 11-27.

– "Direito Financeiro", *Dicionário Jurídico da Administração Pública*, Volume IV, Lisboa, 1991, págs. 56-60.

– "Os poderes financeiros do Estado e do município: sobre o caso das derramas municipais", *Estudos em Homenagem à Dra. Maria de Lourdes Órfão de Matos Correia e Valle, Ciência Técnica e Fiscal*, Nº 171, 1995, págs. 16-28.

FRANCO, António L. Sousa, e CABO, Sérgio Gonçalves do, "O financiamento da regulação e supervisão do mercado de valores mobiliários", *Estudos em Homenagem ao Professor Inocêncio Galvão Telles*, Volume V, Direito Público e Vária, Almedina, 2003, págs. 425-473.

FROMENT, Bernard de, "Pour relancer la décentralisation, il faut clarifier les compétences et instaurer la péréquation", *Droit Administratif, L'actualité juridique*, Paris, Ano 59, Nº 2, 2003, pág. 57.

FROMONT, Michel, "La nouvelle répartition des compétences entre l'état, les régions et les départements en France", *Revue Internationale des Sciences Administratives*, Bruxelles, Volume 53, Nº 4, 1987, págs. 599-608.

GARCÍA MORILLO, Joaquín, *La Configuración Constitucional de la Autonomía Local*, Marcial Pons, Madrid, 1998.

GARRIDO FALLA, F., *Administración indirecta del Estado y descentralización funcional*, Madrid, IEAL, 1950.

GIANNINI, M. S., "Autonomia-Teoria Generale e Diritto Pubblico", *Enciclopedia del Diritto*, Volume IV, Milão, 1959, págs. 356-366.

GIRÓN REGUERA, Emilia, *La Financiación Autonómica del Sistema Constitucional Español*, Servicio de Publicaciones, Universidad de Cádiz, 2003.

GRAMLICH, Edward M., "Intergovernmental Grants: a Review of the Empirical Literature", *The Political Economy of Public Federalism*, Wallace E. Oates (Coord.), Lexington, Massachusetts, Lexington Books, 1977, págs. 121--147.

HIRSCHMAN, Alfred, *Exit, Voice and Loyalty*, Cambridge, Harvard University Press, 1970.

JOUMARD, Isabelle e KONGSRUD, Per Mathis, "Fiscal Relations Across Government Levels", *OECD Economic Studies*, Nº 36, 2003/1, págs. 155-229.

LALUMIÈRE, Pierre, *Les Finances Publiques*, Armand-Collin, Colection U, 1973.

LÍRIO, Oliveira, "Administração Local", *Dicionário Jurídico da Administração Pública*, Volume I, Lisboa, 1990, págs. 209-228.

LOBO, Carlos Baptista, "Imposto Ambiental – análise jurídico-financeira", *Revista Jurídica do Urbanismo e do Ambiente*, Nº 2, 1994, págs. 45-68.

LOPES, Victor Silva, *Constituição da República Portuguesa de 1976 (anotada)*, Editus, Abril, 1976.

LUCHAIRE, François, e LUCHAIRE, Yves, *Le Droit de la Décentralisation*, Thémis, Droit, Presses Universitaires de France, 1983.

LUMBRALES, João Costa Leite, "O problema financeiro português: três tipos de equilíbrio financeiro", *Revista da Faculdade de Direito de Lisboa*, Volume XI, 1957, págs. 205-228.

MAGALHÃES, José Calvet de, *Ciência das Finanças (segundo as prelecções do Professor Fernando Emygdio da Silva)*, Lisboa, Atlântida, 1938.

MALARET GARCIA, Elisenda, "Une décentralisation multidimensionnelle en Espagne: une décentralisation à géométrie variable ", *Revue Internationale des Sciences Administratives*, Bruxelles, Volume 64, Nº 4, 1998, págs. 777--794.

MARCÈRE, De, "Lettre sur la décentralisation", *Revue Politique et Parlementaire*, 1895.

MARTINEZ, Pedro Soares, *Ensaio sobre os Fundamentos da Previsão Económica*, 2ª Edição Revista, Almedina, 2004.

– *Direito Fiscal*, Reimpressão da 10ª Edição (2000), Almedina, 2003.

– *Introdução a um Ensaio sobre Estatísticas Económicas*, 5ª Edição (Reimpressão), Almedina, 2001.

– *Economia Política*, 9ª Edição (Reimpressão), Almedina, 2001.

– *Esboço de uma Teoria das Despesas Públicas, separata dos Cadernos de Ciência e Técnica Fiscal*, Lisboa, 1967.

– *Introdução ao Estudo das Finanças, separata dos Cadernos de Ciência e Técnica Fiscal*, Lisboa, 1966.

– *Finanças (apontamentos coligidos pelos alunos sem responsabilidade do professor)*, Lisboa, AAFDL, 1957.

– *Da Personalidade Tributária*, Lisboa, 1953.

MARTINS, Afonso d'Oliveira, "La descentralización territorial y la regionalización administrativa en Portugal", *Documentación Administrativa*, Ministerio de Administraciones Publicas, INAP, Nºs 257-258, Madrid, 2000, págs. 95-109.

MARTINS, Guilherme d'Oliveira, *Constituição Financeira*, 2º Volume, Lisboa, AAFDL, 1984-1985.

MARTINS, Guilherme d'Oliveira, MARTINS, Guilherme Waldemar d'Oliveira e MARTINS, Maria d'Oliveira, *Lei de Enquadramento Orçamental*, Anotada e Comentada, 2ª Edição, Almedina, 2009.

MARTINS, Guilherme Waldemar d'Oliveira, *A Despesa Fiscal e o Orçamento do Estado no Ordenamento Jurídico Português*, Almedina, 2004.

MARTINS, Margarida Salema d'Oliveira, *O Princípio da Subsidiariedade em Perspectiva Jurídico-Política*, Coimbra Editora, 2003.

– "El principio de subsidiariedad y la organización administrativa", *Documentación Administrativa*, Ministerio de Administraciones Publicas, INAP, Nºs 257-258, Madrid, 2000, págs. 77-93.

MARTINS, Maria d'Oliveira, *Lições de Finanças Públicas e Direito Financeiro*, Almedina, 2011.

MARTINS, Mário Rui, *As Autarquias locais na União Europeia*, Edições Asa, 2001.

MATTRET, Jean-Bernard, *L'analyse financière des communes*, 2ª Edição, LGDJ, 2002.

MAURÍCIO, Artur, "A garantia constitucional da autonomia local à luz da jurisprudência do Tribunal Constitucional", *Estudos em Homenagem ao Conselheiro José Manuel Cardoso da Costa*, Coimbra Editora, 2003, págs. 625-657.

McNUTT, Patrick A., *The Economics of Public Choice*, Second Edition, EE. Edward Elgar, 2002.

MÉDARD, Jean-François, "Les Communautés Urbaines: renforcement ou déclin de l'autonomie locale?", *Revue du Droit Public et de la Science Politique en France et a l'Étranger*, Tomo 84, Nºs 4-5, 1968, págs. 737-800.

MEILÁN GIL, José Luis, "Autonomías y Descentralización Local", *Revista de Estudios de la Administracón Local y Autonómica*, Ministerio para las Administraciones Públicas, INAP, Nº 243, 1989, págs. 545-562.

MIRANDA, Jorge, *Manual de Direito Constitucional*, Tomo III (Estrutura Constitucional do Estado), 6ª Edição, Coimbra Editora, 2010.

– *Manual de Direito Constitucional*, Tomo I, 8ª Edição, Coimbra Editora, 2009.

– "O conceito de poder local", *Estudos sobre a Constituição*, Volume I, Livraria Petrony, 1977, págs. 317-320.

MONCADA, Luís S. Cabral de, *Perspectivas do Novo Direito Orçamental Português*, Coimbra, Coimbra Editora, 1984.

MONTEIRO, Armindo, *Do Orçamento Português*, Volume I, Lisboa, Edição do autor, 1921 e Volume II, Lisboa, Edição do autor, 1922.

MONTALVO, António Rebordão, *O Processo de Mudança e o Novo Modelo da Gestão Pública Municipal*, Almedina, 2003.

MORA LORENTE, Mª Desamparados, *Impuestos cedidos: implicaciones internas y comunitarias*, Tirant lo Blanch, Valencia, 2004.

MOREIRA, Eugénio da Conceição Rodrigues, *A Repartição dos Recursos Públicos entre o Estado e as Autarquias Locais no Ordenamento Jurídico Guineense*, Almedina, Colecção Estudos de Direito Africano, 2005.

MOREIRA, Vital, *Administração Autónoma e Associações Públicas*, Reimpressão, Coimbra, Coimbra Editora, 2003.

MOREIRA, Vital, e OLIVEIRA, Fernanda Paula, "Podem as Assembleias Municipais reprovar reiteradamente o orçamento municipal?", *Scientia Iuridica*, Braga, Tomo 51, Nº 294, Set./Dez., 2002, págs. 423-453.

MOUZET, Pierre, *L'essentiel des Finances locales*, 2ª Edição, Gualino Éditeur, 2003.

MUELLER, Dennis C., *Public Choice II. A revised edition of Public Choice*, Cambridge University Press, 1989.

- *Public Choice*, Cambridge University Press, 1979.

MUSGRAVE, Richard A., "Devolution, Grants, and Fiscal Competition", *Journal of Economic Perspectives*, Volume 11, Nº 4, 1997, págs. 65-72.

- *The Theory of Public Finance*, McGraw-Hill, New York, 1959.

MUSGRAVE, Richard A., e MUSGRAVE, Peggy. B., *Public Finance in Theory and Practice*, 5ª Edição, 1989.

NABAIS, José Casalta, *Por um Estado Fiscal Suportável, Estudos de Direito Fiscal*, Almedina, 2005.

- "Estado Fiscal, Cidadania Fiscal e Alguns dos seus Problemas", *Boletim de Ciências Económicas da Faculdade de Direito da Universidade de Coimbra*, Volume XLV-A, 2002, págs. 561-615.

- "O novo regime das finanças locais", *Forum iustitiae*, Lisboa, Nº 8, Janeiro de 2000, págs. 28-31.

- *O Dever Fundamental de Pagar Impostos. Contributo para a compreensão constitucional do estado fiscal contemporâneo*, Almedina, Coimbra, 1998.

- "O quadro jurídico das finanças locais em Portugal", Fisco, Nºs 82/83, Ano IX, 1997, págs. 3-23.

- *A Autonomia Local (Alguns Aspectos Gerais)*, Coimbra, Faculdade de Direito, 1990.

NEVES, Maria José Castanheira, *Governo e Administração Local*, Coimbra Editora, 2004.

NIETO MONTERO, "Os recargos autonómicos sobre tributos estaduais", *Scientia Iuridica*, Tomo XLIX, Nºs 286-288, 2000, págs. 321-349.

NOGUEIRA, Ataliba, "Teoria do Município", *Scientia Iuridica*, Tomo XIX, 1970, págs. 160-180.

NOGUEIRA, José Duarte, "Municipalismo e Direito, Considerações Histórico-Jurídicas Sobre o Direito Local", *Estudos em Homenagem a Cunha Rodrigues*, Volume 2, Coimbra Editora, 2001, págs. 459-472.

OATES, Wallace E., "An Essay on Fiscal Federalism", *Journal of Economic Literature*, Volume XXXVII, 1999, págs. 1120-1149.

- *The Economics of Environmental Regulation*, EE, Edward Elgar, 1996.

- *Fiscal Federalism*, New York, Harcourt Brace Jovanovich, 1972.

OATES, Wallace E. e BRADFORD, David, "Towards a Predictive Theory of Intergovernmental Grants", *American*

Economic Review, Nº 61, 1974, págs. 440-449.

OLIVEIRA, António Cândido de, *A Democracia Local (aspectos jurídicos)*, Coimbra Editora, 2005.

– "A difícil democracia local e o contributo do Direito", *Estudos em Comemoração do Décimo Aniversário da Licenciatura em Direito da Universidade do Minho*, Almedina, 2004, págs. 95-113.

– *Direito das Autarquias Locais*, Coimbra Editora, 1993.

– "Os conceitos de descentralização e semi-descentralização administrativas, segundo Charles Eisenmann", *Scientia Iuridica*, Tomo XXXIV, Nºs 193-194, Janeiro-Março, 1985, págs. 45-65.

OTERO, Paulo, *Legalidade e Vinculação Administrativa. O sentido da Vinculação Administrativa à Juridicidade*", Almedina, 2003.

– "Principales tendencias del Derecho de la organización administrativa en Portugal", *Documentación Administrativa*, Ministerio de Administraciones Publicas, INAP, Nºs 257-258, Madrid, 2000, págs. 24-40.

PEREIRA, Paulo Trigo, *Regionalização, Finanças Locais e Desenvolvimento*, Comissão de Apoio à Reestruturação do Equipamento e da Administração do Território, MEPAT, Lisboa, 1998.

– "A teoria da escolha pública (*public choice*), uma abordagem neoliberal?", *Análise Social*, Revista do Instituto de Ciências da Universidade de Lisboa, Nº 141, 4ª Série, Volume XXXII, 1997-2º, págs. 419-442.

PEREIRA, Paulo Trigo, AFONSO, António, ARCANJO, Manuela e SANTOS, José Carlos Gomes, *Economia e Finanças Públicas*, Escolar Editora, 3ª edição, 2009.

PLAGNET, Bernard, "Les moyens financiers de la décentralisation", *Annales de l'Université des sciences sociales de Toulouse*, Toulouse, Tomo XXXVI, 1988, págs. 106-126.

PORTO, Manuel Lopes, *Economia. Um Texto Introdutório*, 2ª Edição, Coimbra, Almedina, 2004.

– *O Não de um Regionalista. Face a um Projecto sem Justificação, Numa Europa Concorrencial e Exigente*, 1998, Almedina.

– "Anotação ao Acórdão do Supremo Tribunal Administrativo, Secção de Contencioso Tributário, de 16/04/97 (Derrama)", *Revista de Legislação e de Jurisprudência*, Coimbra, Ano 130, Nº 3883, 1998, págs. 303-311.

– *O Ordenamento do Território face aos Desafios da Competitividade*, Coimbra, Almedina, 1996.

– "A problemática do défice dos transportes colectivos urbanos de passageiros: apreciação e sugestões de soluções", *Boletim de Ciências Económicas da Faculdade de Direito da Universidade de Coimbra*, Volume XXXIII, 1990, págs. 173-192 e Volume XXXIV 1991, págs. 133-159.

POSADA, Adolpho, *El régimen municipal de la ciudad moderna*, 1927.

QUÉROL, Francis, "La solidarité financière entre collectivités territoriales: la nouvelle donne", *La Semaine Juridique*, Juris-Classeuur Périodique, Ano 67, Nº 3, 1993, págs. 36-43.

QUINTANA FERRER, Esteban, *Los Recursos Participativos en el Marco de la Articulación entre las Haciendas Autonómica y Estatal*, Tirant lo Blanch, Valencia, 2001.

REBELO, Marta, "Finanças Locais: uma leitura contemporânea da descentralização financeira no quadro de Musgrave", *Revista do Tribunal de Contas*, Nº 51, Janeiro/Junho 2009, 1º Semestre de 2009, Lisboa, 2010, págs. 95-119.

– "O conceito de endividamento líquido municipal compatível com o SEC 95: interpretação do art. 36º, nº 1, da Lei das Finanças Locais", *Direito Regional e Local*, nº 1, Janeiro/Março, CEJUR, 2008, págs. 38-40.

– *Descentralização e Justa Repartição de Recursos Entre o Estado e as Autarquias Locais*, Almedina, 2007.

– "Reforma do Sistema de Financiamento Local", *30 Anos de Poder Local na Constituição Portuguesa* (Coord. António Cândido de Oliveira), CEJUR, 2007, págs. 29-40.

– "As taxas orientadoras de comportamentos: a ampliação do artigo 19º da Lei das Finanças Locais e o caso do *Central London Congestion Charging Scheme*, *Revista Jurídica do Urbanismo e do Ambiente*, Nºs 21/22, Junho-Dezembro, 2004, págs. 143-158.

– "O Financiamento Intermunicipal – as Áreas Metropolitanas e as Comunidades Intermunicipais no quadro da crise financeira do municipalismo", *Revista do Tribunal de Contas*, Nº 41, Janeiro/Junho 2004, 1º Semestre 2004, Lisboa, 2004, págs. 109-136.

– "As taxas municipais e a expansibilidade das receitas próprias das autarquias", *Revista de Administração Local*, Nº 204, CEDREL, Lisboa, 2004, págs. 750-761.

– "O Sistema Europeu de Contas Nacionais e Regionais (SEC 95) como limite à iniciativa económica pública", *Revista do Tribunal de Contas*, Nº 39, Janeiro-Junho, 2003, págs. 61--70.

RIBEIRO, José Joaquim Teixeira, *Lições de Finanças Públicas*, Coimbra, Coimbra Editora, 1997.

– "Sobre os bens meritórios", *Boletim de Ciências Económicas da Faculdade de Direito da Universidade Coimbra*, Volume XXXIX, 1996, págs. 381-386.

– "A propósito da contribuição autárquica", *Boletim de Ciências Económicas da Faculdade de Direito da Universidade de Coimbra*, Volume XXXV, 1992, págs. 255-259.

– "A unidade fiscal", *Boletim de Ciências Económicas da Faculdade de Direito da Universidade de Coimbra*, Volume XXVII, 1984, págs. 220-240.

RIVERO, Jean, "As competências do poder local nos Países Europeus", *Revista de Administração Pública*, Ano IV, Nº 14, 1981, págs. 78-97.

ROCHA, Joaquim Freitas da, *Direito Financeiro Local (Finanças Locais)*, Série Estudos Regionais e Locais, CEJUR e NEDAL, Janeiro de 2009.

– "A caminho de um federalismo fiscal? Contributo para um estudo das relações financeiras e tributárias entre sujeitos públicos nos ordenamentos compostos", *Estudos em Comemoração do Décimo Aniversário da Licenciatura em Direito da Universidade do Minho*, Almedina, 2004, págs. 455-479.

RODRÍGUEZ GONZÁLEZ, Román, *Territorio y Gobierno Local en España. Un planteamiento de reestructuración por fusión como realidad necesaria*, Thomson, Civitas, 2005.

ROSEN, Harvey S., *Public Finance*, 7ª Edição, McGraw-Hill Irwin, 2004.

SÁ, Luís, *Razões do Poder Local – Finanças locais, ordenamento do território, Regionalização*, Caminho, 1991.

SADRAN, Pierre, "Démocracie locale et décentralisation", *Études offertes à Jean-Marie*, Paris, LGDJ, 1992, págs. 289-296.

SALAZAR, António de Oliveira, *A Reorganização Financeira: dois Anos no Ministério das Finanças, 1928-30*, Coimbra, 1930.

SAMUELSON, Paul, "The Pure Theory of Public Expenditures", *Review of Economics and Statistics*, Nº 36, 1954, págs. 387-389.

SANCHES, José Luís Saldanha, "Poderes tributários dos municípios e legislação ordinária", *Fiscalidade*, Nº 6, 2001.

– "Imposto, taxa e quantificação de encargos", *Fisco*, Nºs 76-77, 1996.

– "Soberania fiscal e constrangimentos externos", *Fisco*, Ano 2, Nº 27, 1991, págs. 19-24.

SANCHES, José Luís Saldanha e GAMA, João Taborda da, "Taxas municipais pela ocupação do subsolo", *Fiscalidade*, Nºs 19-20, 2004, págs. 5-43.

SANTOS, Jorge Costa, *Bem-Estar Social e Decisão Financeira*, Coimbra, Almedina, 1993.

SANTOS, José António, "O Associativismo Municipal na Europa", *Revista de Administração Local*, Nº 171, Ano 22, 1999, págs. 315-336.

SANTOS, José Carlos Costa, "Relações financeiras e fiscais entre distintos níveis de governo (federalismo fiscal), *Ciência Técnica e Fiscal*, Nºs 411-412, 2003, págs. 121-131.

SARAFANA, Sebastião, "As contrafacções do municipalismo português", *O Direito: Antologia de estudos jurídicos* publicados nas suas páginas, Lisboa, 1968, págs. 229-251.

SARAIVA, José Hermano, *Evolução Histórica dos Municípios Portugueses*, Centro de Estudos Político-Sociais, Lisboa, 1957.

SELDON, Arthur e BRADY, Gordon L., *Government Failure: A Primer in Public Choice*, Washington, D. C., Cato Institute, 2002.

– *Government: Whose Obedient Servant? A Primer in Public Choice*, Londres, Institute of Economic Affairs, 2000.

SMITH, Brian C., "Théories du gouvernement métropolitain et des agglomérations anglaises", *Revue Internationale des Sciences Administratives*, Volume 64, Nº 2, 1998, págs. 327-346.

STIGLITZ, Joseph, *Economics of the Public Sector*, W. W. Norton, 3ª Edição, New York, 2000.

TAVARES, José F. F., *Estudos de Administração e Finanças Públicas*, Almedina, 2004.

– *Administração Pública e Direito Administrativo, Guia de Estudo*, 3ª Edição (Revista), Almedina, 2000.

– *O Tribunal de Contas. Do visto, em especial*, Almedina, 1998.

TEIXEIRA, António Braz, *Finanças Públicas e Direito Financeiro*, 2ª reimpressão, Lisboa, AAFDL, 1992.

TER-MINASSIAN, Teresa, (editor) *Fiscal Federalism, in Theory and Practice*, International Monetary Fund, Washington, 1997.

TIEBOUT, Charles, "A pure Theory of local expenditure", *Journal of Political Economy*, Volume 64, 1956, págs. 416-424.

TRAORÉ, Seydou, "La nouvelle réforme des cartes communales: entre décentralisation et recentralisation", *Droit Administratif*, Paris, Ano 42, Nº 10, 2003, págs. 10-15.

TRÉGUIER, Marie-Laure, "Flux et reflux de la décentralisation", *Revue Française de Droit Administratif*, Paris, Ano 10, Nº 4, 1994, págs. 703-711.

TULLOCK, Gordon, "Public choice in practice", *Collective Decision Making – Applications from Public Choice Theory*, Clifford Russel (Coord.), Baltimore, Resources for the Future, 1979, págs. 27-45.

TULLOCK, Gordon, SELDON AND, Arthur, e BRADY, Gordon L., *Government Failure, A primer in Public Choice*, CATO Institute, Washington D. C., 2002.

VALDEZ, Vasco, *Sistemas Fiscais das Autarquias Locais*, Editora Rei dos Livros, 1987.

WICKSELL, Knut, "A New Principle of Just Taxation", Richard Musgrave e A. Peacock (Coord.),*Classics in the Theory of Public Finance*, New York, St. Martins's Press, 1967.